행복 공화국 대통령 서대반 장로의 행복학 시리즈 2

웃음 행복학

행복 공화국 대통령 서대반 장로의 행복학 시리즈 2

웃음 행복학

발행일 2019년 8월 7일

지은이 서대반
펴낸이 손형국
펴낸곳 (주)북랩
편집인 선일영
편집 오경진, 강대건, 최승헌, 최예은, 김경무
디자인 이현수, 김민하, 한수희, 김윤주, 허지혜
제작 박기성, 황동현, 구성우, 장홍석
마케팅 김회란, 박진관, 조하라, 장은별
출판등록 2004. 12. 1(제2012-000051호)
주소 서울시 금천구 가산디지털 1로 168, 우림라이온스밸리 B동 B113, 114호
홈페이지 www.book.co.kr
전화번호 (02)2026-5777
팩스 (02)2026-5747

ISBN 979-11-6299-819-9 04230 (종이책)
979-11-6299-818-2 05230 (전자책)
979-11-6299-815-1 04230 (세트)

이 도서의 국립중앙도서관 출판예정도서목록(CIP)은 서지정보유통지원시스템 홈페이지(http://seoji.nl.go.kr)와 국가자료공동목록시스템(http://www.nl.go.kr/kolisnet)에서 이용하실 수 있습니다.
(CIP제어번호: CIP2019030455)

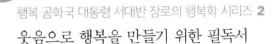

행복 공화국 대통령 서대반 장로의 행복학 시리즈 2

웃음으로 행복을 만들기 위한 필독서

웃음 행복학

서대반 지음

북랩 book Lab

이

모든 영광을

하나님께 올려 드리며

책이 출판될 수 있도록 허락하신

하나님께 진심으로

감사드립니다.

지금까지

부족한 이 남편과

35년 동안 함께 살아오면서

기도와 격려를 아끼지 않고 믿고 따라준

사랑하는 아내 주애자 전도사에게

머리 숙여 감사를 표하며

이 책을 바칩니다.

아울러

우리 부부의 최고 선물인

사랑하는 아들 서진수, 딸 서지혜

아들과 결혼해 준 사랑스러운 며느리 유지선

아들 부부의 아름다운 선물

손자 서연오, 서정오

정말로 고맙고

사랑한다.

행복을 전하는 사랑의 편지

To

From

이 책과 함께 행복과 사랑을 전하는

당신의 마음을 전해 주세요!

머리말

웃으면 복이 온다는 말이 있다. 웃고 있는 사람을 보면 보는 사람도 기분이 좋아지고 저절로 입가에 미소가 지어진다. 그렇다. 이것이 웃음의 힘이고, 능력인 것이다.

바쁜 현대를 살아가는 우리들에게 언제부터인지는 모르지만 웃음이 사라지고, 웃음이 사라지다 보니 인간관계도 점점 삭막해져 가고 있다. 심지어 길을 가다 어깨가 부딪쳤을 때도 살짝 미소 지으며 미안하다는 표현만 하면 부드럽게 넘어갈 일을 가지고도 서로 얼굴을 붉히며 다투는 일도 생기고, 더 큰 일도 벌어진다. 이처럼 세상은 각박해져 버렸고, 주위에서 웃는 사람을 보기가 힘든 시대가 되어 버렸다.

그나마 저자는 행복과 웃음을 전하는 전문 강사여서 웃을 일이 많은 것이 얼마나 감사한지 모른다. 강의 때는 물론 평소 길을 가다가도 환갑이 다 되어 가는 저자를 만나는 사람들마다 민망한 일이긴 하지만 이구동성으로 젊어 보인다, 얼굴이 천사 같다, 피부가 좋다는 등의 기분 좋은 인사를 많이 한다. 저자는 그런 인사를 받을 때마다 웃으면서 많이 웃고 행복하게 살아서 그런 것 같다는 답을 건넨다.

저자는 평소 강의 요청을 받아 전국을 두루 다니며 행복 강의와 웃음 치료 강의를 많이 하였지만 마음 한구석에는 항상 아쉬움이 있었다. 초청을 받아 간 곳에서만 웃음 치료 강의와 행복 강의를 할 것이 아니라 웃음과 행복을 잃어버린 전 국민들을 상대로 웃음과 행복을 전하여 민주공화국인 대한민국을 행복 공화국으로 만들고 싶은 작은 소망이 있었다.

그래서 저자는 일찍이 특허청에다 '행복 공화국 대통령'이라는 명칭을 특허 등록하고, 강의 때마다 자신을 '행복 대통령 서대반 장로'라고 소개를 하고, 대통령 관저의 우편번호는 **'1009-1004'**, 주소는 '현실이 힘들어**도** 살포**시** 미소짓**구** 웃으**면** 행복하**리** **1009번지**'로 홍보하였고, 저자의 행복과 웃음 치료 강의가 끝나면 강의를 들은 모든 분들에게 남은 삶은 웃으면서 행복하게 사시라는 의미로 '행복공화국 대통령' 명의로 발급하는 '행복 웃음 박사 임명장'을 수여하는 특별한 시간을 가진다.

저자가 강의를 들은 모든 분들에게 임명장을 나눠 드리면 모두가 임명장을 받아들고 세상의 어떤 박사 학위보다도 더 값진 진짜 행복 웃음 박사가 된 것처럼 행복해하며 자신도 이제부터는 행복 공화국 국민이 되었다고 자랑스럽게 생각하며 집으로 돌아가시는 그 뒷모습들을 보며 말로 다할 수 없는 뿌듯함을 느꼈다.

그렇지만 현실적으로 전 국민들을 상대로 웃음 치료를 하고 행복 강의를 한다는 것은 거의 불가능에 가깝다. 그래서 생각해 낸 것이 웃음과 행복에 관한 책을 출판하여 책을 읽는 모든 독자들에게 간접적으로나마 웃음과 행복을 전하면 좋겠다는 생각이 들었고, 원고를 보낸 북랩 출판사에서도 원고를 보고는 기꺼이 책을 출판해 주겠다고 하여 이 책이 탄생하게 되었다.

아무쪼록 이 책을 읽는 모든 독자분들이 이 책을 읽음으로 인해 잃어버렸던 웃음을 회복하고 많이 웃어서 복도 많이 받고 모든 일에 감사하며 행복한 삶을 사는 행복 공화국 국민이 되기를 간절히 바라는 마음으로 이 책을 쓴다.

2019년 8월
이 책을 읽으시는 모든 독자분들에게
사랑과 웃음과 기쁨과 행복을 전하고 싶은
행복 대통령 서대반 장로 드림

CONTENTS

01

웃음

가장 가치 없이 보낸 날은 웃지 않고 지낸 날이다.

- 세바스찬 로슈 니콜라스 -

1) 웃음이란?

웃음이라는 단어는 듣기만 해도 기분이 좋다. 웃음은 생각만 해도 입가에 미소가 지어진다.

웃음은 신체적 자극에서, 기쁨에서, 우스꽝스러움에서, 겸연쩍음에서, 연기로서, 또 병적인 데서 오는 것으로 분류할 수 있고 웃음의 원인이나 종류에 대해서는 여러 가지 설이 있으나, 웃음은 우리가 기대하고 있던 상황과 다르게 펼쳐질 때나 고정관념이 깨어질 때 또는 상대방이 웃길 때 우리 입에서 저절로 터져 나오는 소리를 말한다. 웃음이란 세계 모든 나라의 모든 사람들이 사용하는 가장 아름다운 언어이다.

우리는 흔히 배를 움켜잡고 웃을 때 몸이 흔들리므로 머리는 앞뒤로 끄덕여지고, 아래턱이 상하로 흔들리며 입이 크게 벌어지는 특징이 있다.

자신의 기분에 따라 웃는 모습이 달라지는데 싱글벙글 웃는 것은 만족감을 나타내고, 능글능글 웃는 것은 비밀을 감추고 있는 것이며, 히죽히죽 웃는 것은 악의를 나타내는 것이고, 깔깔 웃는 것은 기품이 없음을 나타내며, 큰소리로 웃는 것은 대범함을 나타낸다.

그리고, 웃는 모습에 따라 웃음을 다르게 정의하는데 표정 변화는 없이 소리만 내는 헛웃음이 있고, 코로 소리를 내는 코웃음이 있으며, 소리를 지나치게 내는 너털웃음이 있고, 눈으로만 웃는 눈웃음이 있으며, 남을 비꼬는 웃음인 비웃음이 있다.

우리가 성장하게 되면서 웃음도 달라지게 된다. 유아나 어린이의 웃음은 신체적이고 감정적이다. 즉, 간지러울 때나 배설물이 나올 경우에 흔히 볼 수 있으며, 표현은 복잡하다. 아동기 이후는 정신적, 사회적인 웃음이 많아지며 표현은 미소로 변한다. 청년기 이후가 되면 유머가 발달한다. 유머는 자신을 객관시하고, 웃음의 자료를 제공하려는 마음에서 생겨난다.

2) 사람들이 웃는 이유

이렇듯 웃음은 쾌감을 동반하는 감정 반응인데, 웃음을 일으키는 원인으로는 여러 가지가 있으나 주요한 것만 살펴보면 다음과 같다.

(1) 신체적 자극으로 일어나는 웃음

이것은 사람의 겨드랑이나 발바닥을 부드럽게 자극했을 때 일어나는 웃음이다.

어쩌다 누워 있는 아내에게 "발바닥을 좀 간질러 볼까?" 하면 "싫어요, 간지럽게. 호호호…" 한다.

(2) 기쁨의 웃음

이것은 고생고생 하다가 대학 시험에 합격했을 때나 직장을 구하기 위해 여러 곳을 쫓아다니다가 마침내 채용되었다는 통지를 받았을 때 솟아나는 웃음이다.

(3) 말을 대신하는 웃음

대화 중에 상대방이 자신은 이미 알고 있는 부분을 말할 때 우리는 말 대신에 웃음으로 대신한다. 또 인사를 대신해서 사용할 때 웃는 웃음이다.

(4) 빈 웃음

뇌피질과 자율중추신경의 정상적인 지능 관계를 잃은 인간의 웃음이다. 쉽게 말하면 정신 이상자가 사람을 만났을 때 "히히" 하고 웃는 웃음이다.

(5) 재미있는 웃음

우리가 흔히 웃는 웃음으로 코미디나 희극을 보고 웃는 웃음이다.

(6) 행복한 웃음

갓 결혼한 새색시가 행복에 겨워 짓는 웃음이다.

(7) 수줍은 웃음

선볼 때 처녀가 수줍어서 웃는 웃음이다.

달콤한 유머 | **팔자 좋은 여자**

10대: 얼굴도 예쁘고 공부도 잘하는 여자

20대: 바람 실컷 피우고 시집만 잘 가는 여자

30대: 남편 잘 만나 덕분에 벤츠 몰고 다니는 여자

40대: 애들이 재수도 안 하고 척척 명문대 붙어 주는 복 난 여자

50대: 쌍꺼풀 수술도 안 하고 배도 안 나온 여자

60대: 남편이 로또 1등 된 후 하루 만에 죽어 유산 받은 여자

02
웃음의 효과

웃음은 가장 값싸고 효과 있는 만병통치약이다.

- 버트런드 러셀 -

1) 웃음이 인체에 미치는 작용

(1) 친화 작용

싸우다가도 한편에서 웃어 버리면 싸움이 성립되지 않는다. 비웃음이 아닌 협조로써 친화를 의미하는 웃음은 싸움의 포기이자 화해를 의미하므로 싸움이 될 수 없는 것이다.

인간관계가 순조로우면 자연히 웃음도 나오고 대화도 부드럽다. 그러나 살다 보면 그 반대인 경우도 많은데, 사실 이런 때야말로 웃음을 연출하려는 노력을 해야 한다.

(2) 유인 작용

웃음이 있는 곳에 자연히 많은 사람이 모이게 마련이다. 재미있는 듯하여 "뭘까?" 하고 그 무리에 다가가고, 가능하면 슬그머니 그

속에서 어울리고 싶어 한다. 인상 좋은 웃음에는 상대방을 끌어당기는 힘이 있다.

(3) 정화 작용

사회에 응어리 진 '독소'를 정화해 주는 것이 바로 풍자적 웃음이다. 풍자로 대중의 웃음을 사고, 그럼으로써 반성이 촉구된다면 풍자는 사회의 정화 작용에 크게 기여하는 것이 된다.

(4) 해방 작용

어떤 대학의 한 교수가 너무나 권위적인 나머지, 학생들은 그 앞에 나가면 완전히 얼어붙어 말조차 더듬거렸다. 그러던 어느 날 교수가 교단에서 '뿡' 하고 방귀를 뀌었다. 강의를 듣던 모든 학생들의 횡격막이 크게 자극을 받았을 것은 뻔하다.

이후로 학생들은 속박에서 풀려난 듯 가벼운 마음으로 교수를 만날 수 있게 되었다. 그렇다고 엄격한 교수라고 생각하던 그 생각이 변한 것은 아니다. 다만 웃음으로 불필요한 장막이 없어졌을 뿐이다.

(5) 전염 작용

웃음에는 강력한 전염성이 있다. 웃음이란 공연스레 일어날 수도 있고, 필요하다면 살짝 웃는 얼굴을 지을 수도 있으며, 갑자기

"와하하하하" 하고 웃기 시작할 수도 있다.

한자리에 모인 사람들이 동시에 웃자고 약속을 하고 동시에 억지웃음이나마 웃다 보면 억지웃음을 짓는 사람의 표정이 우스워 이번에는 진짜 웃음이 터진다.

그것이 우습다고 또 웃고, 다시 웃고… 웃음은 불쾌한 마음을 즐거운 기분으로 전환시켜 주고, 모든 인간관계를 원만히 해 준다. 이런 인식을 보다 굳게 가질 필요가 있다.

2) 웃음의 효과

- 웃음이 정력의 근원이다. 10초 동안 배꼽을 잡고 깔깔 웃으면 3분 동안 힘차게 노를 젓는 것과 같은 운동의 효과가 있다.
- 웃음이 엔도르핀을 만든다. 15초 웃으면 이틀 더 오래 산다.
- 웃음은 혈액순환을 촉진시키고, 면역계와 신경계에 큰 영향을 미친다.
- 웃음은 뇌운동 전체에 영향을 준다. 우스운 유머 책을 읽을 때 웃음이 나오기 전 1초의 10분의 4 동안 전류가 대뇌피질에 흐른다.
- 웃음은 몸을 아름답게 하고, 마음의 치료뿐만 아니라 몸을 아름답게 한다.

- 웃음은 좋은 화장품이다. 웃음과 유머가 우울증의 벽을 허무는 주요한 수단이고 그 자체로 충분한 치료제이다.
- 웃다가 흘리는 눈물은 유해물질을 배출한다. 웃음은 삶의 음악이고, 웃음이 젊음을 유지한다.
- 웃음과 유머가 뇌를 균형 있게 발전시킨다.
- 웃음은 혈액에 산소를 공급하고 박테리아의 발생 요소가 되는 잔여 공기를 몰아낸다.
- 웃음은 위(胃)에 여러 가지 영향을 준다.
- 웃음으로 면역세포를 강화시킨다. 웃음은 에페네프란과 도파민 같은 스트레스 호르몬의 감소를 가져온다.
- 웃음은 우리 생리에 여러 가지 효과가 있다.
- 식사할 때 웃으면 소화기관이 자극되어 소화가 잘 된다.
- 웃음은 뇌파에도 영향을 미친다. 환자가 10분간 통쾌하게 웃으면 고통을 덜 느낀다.
- 웃음은 임파구를 증가시킨다. 웃음은 면역체계와 소화기관을 안정시키는 역할을 한다.
- 웃음은 대뇌를 발달시켜서 자살과 우울증의 원인인 소외감을 없애 준다.
- 웃음이 신경에 주는 효과. 웃음과 유머가 건강에 많은 효과가 있다.
- 웃는 흉내만 내도 행복해진다.

3) 웃음의 종류

- **폭소(爆笑)**: 갑자기 터져 나오는 웃음.
- **홍소(哄笑)**: 입을 크게 벌리고 떠들썩하게 웃음.
- **희소(喜笑)**: 기쁜 웃음.
- **희소(嬉笑)**: 실없는 웃음 또는 예쁜 웃음.
- **교소(巧笑)**: 귀엽게 웃음.
- **대소(大笑)**: 소리 내어 크게 웃음.
- **교소(嬌笑)**: 아양 떠는 웃음, 요염한 웃음.
- **미소(媚笑)**: 아양 부리는 웃음.
- **방소(放笑)**: 큰 소리로 웃음.
- **치소(癡笑)**: 바보 같은 웃음.
- **염소(艶笑)**: 요염한 웃음.
- **간소(奸笑)**: 간사하게 웃는 웃음.
- **요절복통**: 허리가 끊어지고 배가 아플 정도로 20초 이상 웃음.
- **억지웃음**: 특정한 목적을 위해 억지로 웃는 웃음.
- **함박웃음**: 크게 입을 벌리고 웃는 웃음.
- **호탕 웃음**: 남을 의식하지 않고 호탕하게 크게 웃는 웃음.
- **감동 웃음**: 감동의 순간에 어쩔 줄 몰라서 웃는 조용한 웃음.
- **자지러진 웃음**: 배를 잡고 바닥에 떼굴떼굴 구르면서 웃는 웃음.

- **허탈 웃음**: 기대했던 상황이 전개되지 않을 때 상실감, 허탈함의 웃음.
- **공포 웃음**: 무서움에 떨면서 눈이 크고 손을 저으며 내는 웃음.
- **비장 웃음**: 어떤 큰 결심을 할 때 웃는 웃음.
- **기분 나쁜 웃음**: 남의 귀에 듣기 거북한 소리로 소름끼치는 웃음.
- **너털웃음**: 자유롭고 소박하게 만족감의 웃음.
- **박장대소**: 손뼉을 치며 크게 하하하 웃는 웃음.
- **양천대소**: 하늘을 쳐다보고 크게 웃음, 어이가 없는 웃음.
- **포복절도**: 배를 안고 넘어질 정도로 크게 웃음.
- **홍연대소**: 큰 소리로 껄껄 웃음.
- **협견첨소**: 몸을 움츠리고 아양을 부려 웃음.
- **일빈일소**: 근심스러워 찡그리기도 하고 즐거워 웃기도 하는 웃음.
- **미개안소**: 얼굴에 웃음이 가득 참.
- **일소일소**: 한 번 웃으면 한 번 젊어짐.
- **일소천금**: 귀한 미인의 웃음을 얻기가 매우 어렵다는 뜻.
- **홍연일소**: 큰 소리로 껄껄 웃는 웃음.
- **언소자약**: 놀라지 않고 평상적인 마음으로 웃으며 이야기함.
- **소문만복래**: 웃으면 집에 복이 들어옴.
- **가가대소**: 껄껄거리며 한바탕 크게 웃음.

- 파안일소: 즐거운 표정을 지으며 한바탕 웃는 웃음.
- 만당홍소: 한자리에 모인 사람 모두가 크게 웃음.
- 봉복절도: 배꼽을 잡고 배가 끊어질 정도로 웃는 웃음.
- 싱글벙글: 옆 사람과 얼굴을 보면서 가볍게, 귀엽게 웃음.
- 놀란 웃음: 놀라거나 고정관념이 깨질 때 나오는 웃음.
- 책상대소: 책상을 두 손으로 크게 치면서 웃는 웃음.
- 너털웃음: 자유롭고 소박한 만족감의 웃음.

달콤한 유머 | 직업별 웃음소리

형사: 후 후 후(who who who)

요리사: 쿡 쿡 쿡(cook cook cook)

축구 선수: 킥 킥 킥(kick kick kick)

악마: 헬 헬 헬(hell hell hell)

색마: 걸 걸 걸(girl girl girl)

살인마: 킬 킬 킬(kill kill kill)

어린이: 키득 키득 키득(kid kid kid)

인기 가수: 싱굿 싱굿 싱굿(sing good sing good sing good)

남자 바람둥이: 허 허 허(her her her)

여자 바람둥이: 히 히 히(he he he)

4) 웃음 명언과 예찬

- 1회 크게 웃을 때마다 200만 원어치의 엔도르핀이 나온다.
- 웃음은 성공과 장수의 지름길이다.
- 웃으면 복이 온다.
- 웃음은 만병통치약이다.
- 웃는 얼굴에 침 못 뱉는다.
- 지구에서 웃을 수 있는 동물은 인간밖에 없다.
- 웃음이란 일을 즐겁게 하고, 교제를 명랑하게 하며, 가정을 밝게 해 준다.
- 웃음이 있는 곳에 행복이 있고, 고난도 웃음으로 이겨 낸다.
- 웃음으로 상대방의 허물을 용서할 수 있다.
- 웃음은 보약보다 좋다.
- 1일 15초 크게 웃을 때마다 2일을 더 살 수 있다.
- 조선 왕조 때에는 웃음 내시가 있었다.
- 미하엘 티치는 "성인이 1일 15번 웃는데 아이들은 400번 웃는다. 그래서 어린이들이 오래 산다"고 했다.
- 여자가 남자보다 7년 오래 사는 이유는 자주 웃기 때문이다.
- 웃음은 함께 웃을 때 33배의 효과가 있다.
- 한 번 크게 웃는 것은 에어로빅을 5분 동안 하는 것과 같다.
- 미국의 프라이 교수는 "성인 1일 2회, 아이는 200회를 웃는다"

고 했다.

- 웃음이 최고의 마케팅이다.
- 웃음은 마음의 여유를 가져다준다.
- 인상 좋은 웃음에는 상대방을 당기는 힘이 있다.
- 웃음이 있는 곳엔 항상 많은 사람이 모인다.
- 웃음의 반대는 스트레스다. 스트레스가 쌓이면 몸에 병이 생기고 배꼽 잡고 웃으면 스트레스가 풀린다.
- 100년 전에는 새의 깃털로 간지럼 태워 환자를 치료했다.
- 서로가 웃으면서 대하면 한결 부드러운 사이가 된다.
- 얼굴이 굳어 있거나 깊은 고민에 빠지는 사람이 수명이 짧다.
- 웃음과 이미지에 대한 관심이 실체에 대한 관심과 같다.
- 좋은 웃음은 집안의 햇빛이다.
- 웃음은 동서양을 막론하고 묘약이며 명약이라 말한다.
- 서양 속담에 웃음은 '내면의 조깅'이라고 했다.
- 『얼굴』의 저자인 대니얼 맥닐은 재판 시 미소가 피고인의 형량을 낮춘다고 주장하였다.
- 미국 심리학자 쉐드 햄 스테드는 1일 5~6만 가지 생각을 한다고 했다.
- 만사가 형통할 때 웃는 것은 아주 쉽다. 그러나 그의 바지가 벗겨졌을 때 웃을 수 있는 사람은 대단한 사람이다.
- 일반적으로 어떤 사람의 자유는 그 웃음의 양에 따라 판단

된다.

- 임마누엘 칸트는 "인생의 많은 고통을 평행시키기 위해 하늘이 두 가지 것을 주었으니 희망과 잠이라고 볼테르가 말했다. 그는 웃음을 더 첨가해야 했었다"라고 말했다.

달콤한 유머 | 공주병의 5가지 스타일

1. **이순신 스타일**: 나의 미모를 적에게 알리지 마라.
2. **안중근 스타일**: 하루라도 예쁜 척하지 않으면 온몸에 닭살이 돋는다.
3. **맥아더 스타일**: 공주는 죽지 않는다. 다만 사라질 뿐이다.
4. **나폴레옹 스타일**: 내 사전에 추녀는 없다.
5. **갈릴레이 스타일**: 그래도 나는 예쁘다.

03

웃음과 얼굴 근육

당신이 웃고 있는 한 위궤양은 악화되지 않는다.

- 패티 우텐 -

1) 웃음과 건강

(1) 신경계

- 웃음은 신체 전 기관에 긴장을 완화시킨다.
- 암 환자의 통증을 경감시킨다.
  ① 엔도르핀과 엔케팔린은 통증을 억제하는 물질
  ② 억지웃음의 효과(억지로 웃어도 건강에 좋다)

(2) 호흡계

- 웃으면 산소 공급이 2배로 증가하여 머리가 좋아진다는 임상 결과가 나왔다.
- 웃을 때 심장 박동 수가 2배로 증가하고, 폐 속에 남아 있던 나쁜 공기를 신선한 산소로 빠르게 바꾸어 준다.

- 복식호흡을 하면 건강에 좋은데 굳이 의식적으로 훈련하지 않아도 크게 웃으면 자동적으로 복식호흡이 된다.

(3) 심혈관계

- 웃음으로 스트레스와 분노, 긴장을 완화시켜 심장마비를 예방할 수 있다.
- 웃음으로 동맥이 이완되었기 때문에 혈액의 순환과 혈압이 낮아진다.
- 폭소는 긴장을 풀어 주고, 혈액순환을 도와 질병에 대한 저항력을 증가시킨다.

① 웃음: 부교감 신경 자극

② 분노, 불안, 초조, 짜증: 교감 신경 자극

(4) 소화계

- 기분이 좋을 때 소화 호르몬이 촉진되어 음식물의 소화를 돕는다.
- 웃음은 천연 소화제이다.

(5) 비뇨기계

- 요실금이 예방된다.
- 정력이 강화된다.

(6) 근육계

- 쾌활하게 웃으면 우리 몸의 650개 근육 중에 231개의 근육이 움직인다.
- 웃을 때 얼굴 근육은 15개가 움직인다.
- 한 번 웃는 것은 에어로빅 5분과 같은 운동량이다.
- 웃음은 가슴과 어깨 주위의 상체 근육 운동 효과를 가진다. 따라서 오십견을 예방하는 효과가 있다.

(7) 내분비계

- 웃음은 혈액 내 아드레날린과 스트레스 호르몬인 코티졸의 양을 줄여 준다.
- 웃음 뒤엔 침에서 면역글로불린 A(IgA)의 농도가 증가하여 감기 예방 효과가 있다.

(8) 면역계

- 웃음은 암도 치료한다.
  ① NK-CELL(자연 살상세포)
  ② 엔도르핀
  ③ 인터페론 감마의 분비를 증가시킴

달콤한 유머 | 키스에 대한 위인들의 말씀

- **아인슈타인**: 키스하는 사람의 시계는 안 하는 사람의 시계보다 훨씬 빠르다.
- **뉴턴(관성의 법칙)**: 키스했던 사람은 계속 하려고 한다.
- **도미노 현상**: 옆 자리의 사람이 키스하면 나도 하고 싶어진다.
- **한국인**: 사촌이 키스를 하면 배가 아프다.
- **공자**: 아침에 일어나 키스하면 저녁에 죽어도 좋다.
- **도플러**: 키스는 벼락처럼 다가와 안개처럼 사라진다.
- **다윈**: 뽀뽀가 진화하면 키스가 된다.
- **안중근**: 하루라도 키스를 안 하면 입안에 가시가 돋는다.
- **이순신 장군**: 내가 키스한 사실을 마누라에게 알리지 말라.

04

웃음 근육 스트레칭

웃는 사람은 실제적으로 웃지 않는 사람보다 더 오래 산다.

건강은 실제로 웃음의 양에 달렸다는 것을 아는 사람은 거의 없다.

- 제임스 월쉬 -

우리 얼굴에는 80여 개의 근육이 자리하고 있어 온갖 표정과 움직임을 만들어 낸다.

얼굴 근육은 크게 표정을 만들어 내는 근육과 음식을 씹는 저작 운동을 돕는 근육으로 나뉘는데, 근육의 형태나 붙는 방법이 모두 다르기 때문에 서로 협력하거나 반발하면서 표정을 만들어 낸다. 웃을 때는 그중 40여 개의 근육이 운동을 하는데, 이 근육들은 양쪽 볼과 입 주변에 몰려 있다.

따라서 좋은 표정을 만들기 위해서는 중요한 표정근이 어디에 위치하고 있으며 어떻게 움직이는지 알아둘 필요가 있다.

웃음은 사실상 얼굴 전체의 근육을 자극하는 움직임이지만, 아름답고 건강한 웃음을 만드는 데 직접적으로 영향을 미치는 근육은 안륜근, 대협골근, 소근, 추미근, 구륜근, 이근 등 여섯 가지다.

1) 얼굴 근육의 종류

(1) 안륜근

위 눈꺼풀, 아래 눈꺼풀, 눈두덩이 등을 포함해 눈 주변을 타원형으로 둘러싸고 있는 근육이다.

우리가 선글라스를 썼을 때 온전히 가려지는 부분으로 눈을 감는 기능을 하는데, 이 근육이 부드러우면 상냥하고 친절해 보이는 인상이 만들어지며, 반대로 경직되어 있으면 눈이 매서워 보이게 된다.

이 근육을 효과적으로 움직이려면 양쪽 눈가에 주름이 잡히도록 웃음을 지어 본다. 이 근육을 움직여 웃으면 눈까지 웃게 되어 편안한 인상을 주며 마음까지 웃은 진짜 웃음이 만들어진다.

(2) 대협골근

눈꼬리 옆, 광대뼈 바깥쪽부터 시작해 입술 양끝으로 뻗은, 뺨에 있는 근육 중에서도 큰 근육이다. 일부는 입술까지 닿아 있기 때문에 입꼬리를 높이 치켜 올리거나 입을 크게 벌리는 등 큰 웃음을 지을 때 없어서는 안 되는 근육이다.

입을 크게 벌리고 웃으면 이 근육이 움직이면서 긴장이 풀리고 통증이 완화된다고 한다. 반면 잘 웃지 않는 사람은 이 근육의 움직임이 적어 침울한 기분을 느끼고 병에 쉽게 걸린다고도 한다.

크게 많이 웃으면 이 근육에 신선한 산소가 공급되어 호르몬 분비를 촉진하고 면역력이 상승하면서 세포도 활성화된다. 또한 이 근육은 뇌 속의 긍정적인 감정과 연관되어 있기 때문에 자주 움직이면 긍정적이고 행복한 기억이 떠오르며 적극적인 성격이 된다.

(3) 소근

가벼운 미소를 지을 때 가장 많이 움직이는 근육으로 보조개 근육이라고 불린다. 양쪽 입꼬리에서 옆으로 쭉 뻗어 있는 이 근육 덕분에 부드러운 미소를 지을 수 있게 된다. 우리에게 가장 잘 알려져 있는 표정 근육이다.

(4) 추미근

미간 사이에 주름을 만드는 근육이다. 코의 상부에서 시작된 두 갈래의 근육이 좌우 상단으로 뻗어 올라가 양쪽 눈썹 한가운데까지 이어진다. 머리나 치아가 아플 때, 본능적으로 얼굴을 찌푸릴 때 사용되는 근육으로, 부정적인 감정과 관련된 근육이다.

이 근육은 외부의 자극에 의해 움직이기도 하지만, 심적인 아픔이나 고통, 혐오감 등을 반사적으로 드러내는 감정 근육이다. 따라서 이 근육을 움직이면 마음속의 부정적인 감정이 깨어난다고 한다. 이런 점에서 볼 때 추미근은 가급적 움직이지 않는 것이 좋다.

(5) 구륜근

입 주변을 원 모양으로 둘러싸고 있는 근육이다. 입이라고 하면 사람들은 막연히 입술을 떠올리지만 해부학적으로는 코 밑에서부터 둥글게 원을 그린 부분 전체를 입이라고 칭한다.

입 주변 근육은 뺨이나 턱 근육과 함께 연동해서 매우 복잡한 움직임을 통해 여러 가지 표정을 만들어 낸다. 입은 눈과 마찬가지로 감정을 풍부하게 표현할 수 있는 중요한 부분이기 때문에 이 근육이 약하거나 균형이 무너지면 인상에 커다란 타격을 주게 된다.

(6) 이근

이 근육은 입술 밑에서 턱까지 이어져 있으며, 입술에 힘을 주어 입술을 위로 올리는 역할을 한다. 이 근육을 자주 움직이고 입꼬리를 아래로 처지게 하면 부정적인 이미지를 만들어낸다. 입을 꽉 다물고 있을 때 이 근육이 최대로 활성화된다.

달콤한 유머 | **혈액형에 관한 간단한 고찰**

A형: 소세지(소: 소심하고, 세: 세밀하고, 지: 지랄 같고)

B형: 오이지(오: 오만하고, 이: 이기적이고, 지: 지랄 같고)

O형: 단무지(단: 단순하고, 무: 무식하고, 지: 지랄 같고)

AB형: 지지지(지: 지랄 같고, 지: 지랄 같고, 지: 지랄 같다)

2) 웃음 근육 훈련

(1) 얼굴 스트레칭

① 입

입술 아래 움푹한 부위를 반원을 그리듯이 스트레칭한다. 양 손가락으로 좌우 구각을 통과해 인중 부분까지 반원을 그리며 스트레칭한다.

② 볼

두 손의 손가락을 턱 끝에서 좌우 귀 아래로 나선을 그리듯이 문지른다.

③ 눈

두 손의 손가락을 사용하여 양쪽 눈시울을 지그시 누른다. 눈시울에서 위쪽 눈꺼풀, 다시 위쪽 눈꺼풀에서 눈초리, 눈초리에서 아래 눈꺼풀 순서로 눈 주위를 빙글빙글 돌리면서 마사지한다.

④ 이마

두 손의 손가락을 사용하여 좌우의 눈썹 안쪽에서 각각 위쪽으로 문질러 올린다. 여기서 한 번 멈추었다가 헤어라인을 따라서 바깥쪽으로 손가락을 미끄러뜨려 관자놀이 부분을 조용히 눌러준다.

(2) 표정 스트레칭

① 입꼬리 당기기

입술을 한쪽으로 최대한 끌어 당겨 10초 정도 멈춘다. 소근을 효과적으로 자극하는 동작으로, 멋진 웃음을 만드는 데 큰 도움이 된다.

② 상하좌우 삐죽대기

입술을 오므로 앞으로 쭉 내밀고 삐죽이듯 상하좌우로 움직인다. 입 주위 근육인 구륜근을 발달시킬 수 있는 동작으로 아름다운 미소를 만드는 데 큰 도움이 된다.

③ 얼굴 두드리기

얼굴의 긴장을 풀고 "아" 발음 상태의 표정을 만든다. 그리고, 손가락 끝을 모두 모아 가볍게 터치하듯이 입 주위를 15번 정도 두드려 준다. 위와 같은 방법으로 계속해서 "이", "우", "에", "오"를 발음하면서 얼굴을 골고루 두드려준다. 이때 눈 둘레의 안륜근을 움직여 자애로운 표정을 지어주면 효과를 배가시킬 수 있다.

④ 얼굴 풍선 만들기

입안에 공기를 넣고 최대한 얼굴을 부풀리는 스트레칭으로 최대한 얼굴 풍선을 크게 만들어 귀 쪽에서 '싸' 하는 소리가 날 때까지 크게 키운다. 이 상태에서 15초 정도 숨을 멈추었다가 더 이상 참을 수 없을 때 손으로 가볍게 터치하여 얼굴 풍선을 터뜨린다.

(3) 5단계 웃음 익히기

① 작은 미소

가볍게 긴장을 풀고 입을 다문 채 자연스럽게 입꼬리를 옆으로 당긴다. 모나리자의 미소보다 약간 더 큰 미소를 짓는다고 생각하면 좋다.

이런 미소는 사람들에게 좋은 느낌을 전달하고 안정감을 주며 나아가 따뜻함을 느끼게 한다. 거울을 보면서 반복하다 보면 차츰 자연스러워질 것이다. 작은 미소에서 중요한 것은 입꼬리만 올리지 말고 반드시 눈까지 같이 웃어야 한다는 것이다. 마음으로부터 짓는 미소가 아니면 얼굴이 긴장되고 부자연스러울 수밖에 없기 때문이다.

② 큰 미소

큰 미소는 위쪽 치아가 보이도록 입을 크게 벌려 짓는 미소를 가리킨다.

이 미소는 입꼬리에서 광대뼈까지 연결되어 있는 대협골근을 자극하는 데 효과가 있다. 큰 미소를 연습할 때는 입꼬리가 좌우대칭이 되도록 연습하는 것이 중요하며, 입꼬리가 귀에 걸린다는 느낌으로 입을 크게 벌리고 미소 지어야 한다.

이때 역시 반드시 눈이 함께 웃어야 한다.

③ 소리 나는 웃음

입을 크게 벌리고 가볍게 소리 내면서 웃는 웃음이다.

긴장을 풀고 입을 크게 벌린 채 "하하하" 하는 소리를 내면서 웃으면 된다.

이때 주의할 점은 가급적 웃음소리를 길게 내야 한다는 것이다. 호흡을 이용해 배에서 나오는 웃음소리를 만들어본다.

④ 큰 소리 나는 웃음

입을 크게 벌리고 큰 소리로 웃는 웃음이다. 이 역시 목에서 나는 소리가 아니라 배부터 울리면서 나오는 웃음이어야 한다.

이 웃음을 제대로 연습하면 배가 단단해지며 내장을 마사지하는 효과를 거둘 수 있다. 한 번 웃을 때마다 10초 이상 웃는 연습을 반복하도록 하자.

⑤ 박장대소

말 그대로 박수를 치고 허리를 앞뒤로 움직이면서 신나게 웃는 웃음법이다.

손바닥으로 책상을 두드리거나 옆에 있는 사람의 어깨를 치면서 웃으면 박장대소의 진수를 맛볼 수 있다.

(4) 웃음소리 파동 운동법

① "하" 웃음소리 운동법

큰 소리로 "하", "하" 하고 두 번 소리를 낸 다음, "하하하하하" 하면서 다섯 번 연이어서 최대한 자연스럽게 발음하면서 웃는다.

이 웃음법은 가슴과 폐를 후련하게 해 주며 심장과 폐를 건강하게 한다.

"하하하하하"라는 소리를 내면서 두 손을 가슴 부위에 대고 가슴의 울림을 두 손으로 느껴 보도록 한다. 두 가슴과 폐 부위가 튼튼해지고 있다고 상상하면 더 큰 효과를 얻을 수 있다.

② "히" 웃음소리 운동법

"히", "히" 하고 두 번 소리를 낸다. 그리고 "히히히히히" 하면서 다섯 번 연달아 최대한 자연스럽게 발음하면서 웃는다.
이 웃음법은 두뇌 활동을 활성화시켜주므로, "히히히히히"라는 웃음소리를 내면서 머리 부분의 울림을 두 손과 머리 전체로 느껴 보도록 한다.

③ "후" 웃음소리 운동법

손을 배꼽 아래 단전에 놓고 "후" 발음을 내 보자. 이때 후 소리와 함께 몸속에 있는 모든 독소와 나쁜 공기가 다 빠져나간다고 생각하면서 호흡을 끝까지 밀어낸다.
큰 소리로 "후", "후" 하고 두 번 소리를 낸다. 그리고 "후후후후후" 하면서 다섯 번 연이어 발음하면서 웃는다.

④ "헤" 웃음소리 운동법

큰 소리로 "헤", "헤" 하고 두 번 소리를 낸 뒤 "헤헤헤헤헤" 하고 다섯 번 연이어 소리를 내면서 웃는다. "헤" 소리를 낼 때는 두 손으로 목 주위를 부드럽게 잡고, 소리를 길게 내는 것이 좋다. 목 부근의 근육을 자극해 주는 웃음소리이므로, 목 주위를 튼튼하게 해 준다고 믿으면서 자신의 발음에 집중해 보자.

⑤ "호" 웃음소리 운동법

큰 소리로 "호", "호" 하면서 두 번 소리를 낸 다음 "호호호호호" 하고 다섯 번 연이어 소리를 내면서 웃는다.

"호" 발음은 내장을 자극하는 소리다. 내장을 직접 마사지하는 것처럼 자극시키기 때문에 내장의 긴장을 풀어 튼튼하게 해 준다.

"호" 소리를 낼 때는 두 손을 배에다 갖다 대고 내장이 튼튼하게 해 준다고 믿으면서 소리를 내면 좋다.

(5) 5가지 웃음 운동

① 순발력 웃음 운동

"하나" 하는 구령과 동시에 엄지와 검지를 V 자 형태를 만들어 입 주위에 대면서 활짝 웃는 모습으로 입꼬리를 올린다. "둘"이라는 구령이 떨어지면 다시 원래의 표정으로 돌아온다. 이 웃음 운동을 할 때는 자신이 평소에 만들고 싶었던 미소를 떠올리며 웃음의 형태를 만들어야 한다.

이 웃음 운동을 응용하여 동작을 크게 하여 두 손을 턱 밑에 고이는 방법으로 해도 좋다.

② 도레미 웃음 운동

얼굴 표정은 활짝 웃는 모습을 하고 '낮은 도'에서 시작하여 '높은 도'까지 8음계를 각각 10초 동안 크고 분명한 소리로 발성을 한다. 총 3회 반복한다.

③ 하히후헤호 웃음 운동

"하, 히, 후, 헤, 호" 연습을 통해 "아하하하하", "이히히히히", "우후후후후", "에헤헤헤헤", "오호호호호"와 같은 멋지고 자연스러운 웃음소리를 만들어 보자.

한번 웃을 때 최소한 10초 정도는 웃음소리를 이어 가야 연습도 되고 운동도 되고 탄력도 유지된다.

이때 팔을 함께 움직이면 훨씬 쉬워지는데, 신체를 움직이면 기분이 좋아지기 때문에 혼자서 웃음 운동을 하다가도 정말로 웃게 되는 경험을 하게 된다.

④ 행복 웃음 운동

"행복하게", "신나게", "즐겁게", "기쁘게"와 같은 행복과 관련된 단어들을 발음한다.

단어를 발음할 때는 마음속으로도 행복한 생각을 하며 입을 최대한 옆으로 크게 벌리는 것이 중요하다. "행복하게" 라는 말을 할 때는 실제로 행복했던 기억을 떠올리고, "즐겁게"라는 말을 할 때는 정말로 즐겁게 놀았던 추억을 떠올리면 웃음 운동의 효과를 배가시킬 수 있다.
이것은 언어 중추신경은 전체 신경에 매우 강한 영향을 미치기 때문에 행복하고 기쁜 언어를 사용하면 자신도 모르는 사이에 그런 기분에 빠져들게 되기 때문이다.

⑤ 하마 웃음 운동

얼굴 표정은 활짝 웃는 모습을 하고 가능하면 입을 크게 쩍 벌린 상태에서 멈춘다. 이 자세를 10초 정도 유지한 채 큰 소리로 웃는 소리를 낸다.

⑥ 동안(童顔) 웃음 운동

팔자 주름을 완화시켜 주는 웃음 운동법이다.
활짝 웃는 표정으로 "오"라고 발음하면서 입을 최대한 크게 벌린다.
이때 윗입술과 아랫입술을 오므려 치아를 최대한 감싸주고, 양손 검지와 중지로 코와 입 사이를 가볍게 두드린다. 이 상태를 10초 동안 유지한다. "아" 발음과 함께 입꼬리를 최대한 양옆으로 벌린다. 이 동작도 10초간 유지한다.

(6) 펜 테크닉

① 펜이나 손가락을 치아에 물린다.

② 가급적 입 안쪽 깊숙이 물리고 입술이 닿지 않도록 한다.

③ "하" 소리를 내며 끝까지 숨을 내쉰다.

④ 이 상태로 웃는 시늉을 하는데, 이때 눈도 같이 웃을 수 있도록 연습한다.

⑤ 기분이 좋아질 때까지 반복한다.

사실 옛날에는 캐나다와 미국이 우리나라의 속국이었습니다.

어느 날 캐나다 사람이 세종대왕께 찾아와서 이렇게 말했습니다.

"저희 나라 이름을 뭐로 할까요?"

그러자 세종대왕께서는 잠시 고민하시더니 이렇게 말씀하셨습니다.

"가나다로 하여라."

그래서 '가나다', '가나다' 하다가 캐나다식 발음으로 '캐나다'가 되었죠.

그러니까 같은 속국인 미국이 엄청 부러운 겁니다. 그래서 세종대왕께 찾아갔습니다.

"저희도 이름 지어 주세요, 네?"

세종대왕께서는 귀찮으신지 손을 휘휘 저으시며 이렇게 말씀하셨습니다.

"아무러케나 지어 버려."

"아메리카!"

그래서 오늘날의 미국이 되었습니다.

그리고 다음 날에는 어떤 섬나라에서 찾아왔습니다.

"우리나라는 선진국이무니다. 조선이 우리나라의 속국이 되는 게 마땅하다데쓰무니다. 우리나라 이름 없으니 조선이 우리나라 이름을 지어 주는 게 마땅하무니다."

그러니까 세종대왕께서 버럭 화를 내며

"저 사람 닮은 원숭이 새끼를 줘 패 보내라!"

사람 닮은 원숭이 새끼는 실컷 맞았습니다. 그러곤 배를 타고 집에 가면서 생각했습니다.

"줘 패 보내라… 줘 패 보내… 줘 패? 재팬!"

그래서 미국과 캐나다와 일본의 이름이 정해졌다는 설이 있습니다.

05

웃음 치료

의약에는 별로 재미있는 것이 없지만

웃음에는 대단히 많은 의약이 있다.

- 조시 빌링스 -

1) 웃음 치료의 정의

웃음 치료란 웃음으로 사람의 신체와 정신을 건강하게 하고 삶의 질을 높이며 궁극적으로 참된 행복을 찾을 수 있도록 도와주는 것을 말한다.

다시 말하면 신체적, 육체적, 정신적, 심리적, 사회적으로 여러 가지 질병과 문제를 웃음으로 예방하거나 재활, 치료함을 말한다. 웃음을 유발하는 방법으로는 소리, 그림, 글, 공연, 상상, 댄스, 노래, 관광, TV나 영화 관람, 유머, 퀴즈, 억지웃음 등 여러 가지 방법이 활용되고 있다.

예로부터 '웃음은 만병통치약이다'라는 말이 있긴 하다. 최근의 여러 연구에 의하면 웃음이 당뇨와 심장병, 암 등 여러 질병의 통

중 감소와 스트레스 및 면역 강화에도 다소 효과가 있다고 발표되고 있다. 앞으로 과학이 발달하게 되면 웃음의 치료 효과가 더 많이 밝혀지겠지만 웃음이 모든 질병의 예방 수단이나 치료의 보조제로 다소 효과가 있다는 것은 입증되었다.

웃음은 참으로 좋은 것이다. 개인은 물론 가정이나 사회에 좋은 것이다. 웃음은 모든 병에 좋은 약품이므로 프랑스 의사들이 어떤 질병의 환자에게나 가장 많이 권하는 약품 중에 하나가 '웃음'이라고 한다.

이렇듯 웃음을 통해 자신을 표현하여 자신감을 회복하고 행복한 감정을 느낄 수 있게 도와주는 좋은 치료법이긴 하지만 중요한 것은 웃음 치료를 받는 당사자가 처해 있는 상황이 어떠한지를 정확하게 알고 웃음 치료에 접근해야 한다는 점이다.

그리고, 무엇보다 중요한 것은 한 번 크게 웃었다고 해서 웃음으로 몸이 치료가 되는 것은 아니기 때문에 최소한 3~4주간이라는 시간을 두고 꾸준히 웃음 치료를 하는 것이 필요하다는 점이다.

2) 웃음 치료 시 주의할 사항(부작용)

감기와 독감 중일 때, 급격한 바이러스성의 감염은 매우 전염이 강하다. 만약 감기나 독감에 걸린 사람이 웃을 때 공기 중의 물방

울의 형태로 전염이 될 수도 있다. 이럴 땐 혼자서 웃는 것을 권한다. 최근 의학적 연구에 따르면 적극적이고 정규적인 웃음 치료는 위의 급성 전액질의 세포질 저항을 증가시키며 감기를 빨리 몰아내는 것으로 나타났다.

모든 사람이 웃음 치료의 대상이지만, 때로는 웃음 치료를 통해 그들의 치료회복에 해가 될 수도 있음을 잊지 말아야 한다. 다음은 웃음 치료에 주의를 기울여야 하는 사람들이다.

(1) 안압이 높은 사람

(2) 탈장 환자

(3) 중증 우울증

(4) 중증 고혈압 환자 또는 폐 환자

웃음은 혈압을 내리는 효과가 있으나 순간적으로는 혈압을 올리기 때문에 지나치게 혈압이 높은 분들은 웃음 치료 시 전문가의 상담이 필요하다.

(5) 천식이 심한 환자

(6) 영양이 극도로 쇠약한 환자

(7) 만삭인 산모

(8) 복부에 고단위 인슐린을 주사하는 사람

(9) 복부 튜브 및 신체 내 보조물을 삽입한 환자

복부 수술을 한 사람에게 절개 자리는 가장 약한 부분이 된다. 그리고 만약 복부의 어느 부분에 부기가 있거나 상처가 아물지 않았을 경우는 회복이 된 후 웃음 치료를 받는 것이 좋다.

(10) 조울증 환자

(11) 수술한 사람

수술 후 항암제나 방사선 치료를 받고 있거나, 1개월이 지나지 않은 사람은 가벼운 웃음은 가능하지만 혈소판이나 백혈구 수치 확인 후 웃음 치료를 받는 것이 좋다.

(12) 웃음 치료 시 머리가 지끈지끈하거나 무거운 사람

이것은 엔도르핀과 같은 호르몬이 과다하게 분비되는 약간의 통증 현상이다. 이런 현상은 시간이 지나면 해소되는 일시적인 현상이지만 심할 경우는 억지로 힘주어 웃지 않는 것이 좋다.

개인지도: 개가 사람을 가르친다.

남녀평등: 남자나 여자나 모두 등이 평평하다(노틀담의 꼽추는?).

남존여비: 남자가 존재하는 한 여자는 비참하다.

노발대발: 노태우 발은 큰 발(도둑놈은 발이 크니까).

돼지방구: 돈가스를 순수한 우리말로 바꾼 것.

동문서답: 동쪽 문을 닫으니까 서쪽 문이 답답하다.

동반몰락: 거래소가 무너지면 코스닥도 무너진다.

박학다식: 박사와 학사는 밥을 많이 먹는다.

백설공주: 백방으로 설치고 다니는 공포의 주둥아리.

보통사람: 보기만 해서는 통 알 수 없는 사람(누굴까?).

부전자전: 아버지가 전 씨면 아들도 전 씨.

삼고초려: 쓰리고를 했을 때에는 초단을 조심하라.

아편전쟁: 아내와 남편의 부부싸움.

원앙부부: 원한과 앙심이 많은 부부.

유비무환: 비가 오는 날에는 환자가 없다.
병원의 의사들이 주로 쓰는 말이다.

이심전심: 이순자가 심심하면 전두환도 심심하다.

임전무퇴: 임산부 앞에서는 침을 뱉지 않는다.

전라남도: 옷을 홀딱 벗은 남자의 그림.

절세미녀: 절에 세 들어 사는 미친 여자.

주차금지: '술과 커피는 안 팝니다'를 네 자로 줄인 말.

죽마고우: 죽치고 마주 앉아 고스톱 치는 친구.

천고마비: 하늘에 고약한 짓을 하면 온몸이 마비된다.

천재지변: 천 번 봐도 재수 없고 지금 봐도 변함없는 사람.

홍길동전: 붉은 길에 떨어져 있는 동전.

황당무계: 노란 당근이 무게가 더 나간다.

06

웃음 치료의 효과

웃음은 마음의 치료제일 뿐만 아니라 몸의 미용제이다.

당신은 웃을 때 가장 아름답다.

- 칼 조셉 쿠 -

1) 신체적 효과

웃음이 그야말로 만병통치약이 되거나 근본적인 치료법이 되는 것은 아니다. 다만 웃음이 건강한 사람에게는 각종 질병의 예방 수단으로, 환자들에게는 치료의 보조 수단으로 탁월한 효과를 발휘하는 것은 사실이며 웃음 치료를 통해 신체의 기능을 극대화시킬 수 있다.

2) 정신적 효과

인지행동치료의 한 분야이긴 하나 아직까지 정신과에서는 효과를 인정하지 않으려고 하는 경향이 있다. 그러나 그동안의 웃음 치료를 통한 임상경험상 웃음을 통해 즐거운 경험을 하게 하고 자신과 세상과의 관계를 유지시켜 주는 역할을 함으로 웃음 치료가 감정을 조절하고, 수용, 평온함을 주며 불안과 공황장애를 치료하는데 효과가 있음이 입증되었다.

3) 일반적인 효과

웃음 치료를 통해 인간관계가 좋아지고 자신감이 회복되며 스트레스가 감소되고 열정과 창의력과 건강 증진에 효과가 있음이 입증되었다.

4) 구체적인 효과

- 웃음이 정력의 근원이다. 10초 동안 배꼽을 잡고 깔깔 웃으면 3분 동안 힘차게 노를 젓는 것과 같은 운동의 효과가 있다.
- 웃음이 엔도르핀을 만든다. 15초 웃으면 이틀 더 오래 산다.
- 웃음은 혈액순환을 촉진시키고, 면역계와 신경계에 큰 영향을 미친다.

- 웃음은 뇌 운동 전체에 영향을 준다. 우스운 유머 책을 읽을 때 웃음이 나오기 전 1초의 10분의 4 동안 전류가 대뇌피질에 흐른다.
- 웃음은 몸을 아름답게 하고, 마음의 치료뿐만 아니라 몸을 아름답게 한다.
- 웃음은 좋은 화장품이다. 웃음과 유머가 우울증의 벽을 허무는 주요한 수단이고 그 자체로 충분한 치료제이다.
- 웃다가 흘리는 눈물은 유해 물질을 배출한다. 웃음은 삶의 음악이고, 웃음이 젊음을 유지한다.
- 웃음과 유머가 뇌를 균형 있게 발전시킨다.
- 웃음은 혈액에 산소를 공급하고 박테리아의 발생 요소가 되는 잔여 공기를 몰아낸다.
- 웃음은 위(胃)에 여러 가지 영향을 준다.
- 웃음으로 면역세포를 강화시킨다. 웃음은 에페네프란과 도파민 같은 스트레스 호르몬의 감소를 가져온다.
- 웃음은 우리 생리에 여러 가지 효과가 있다.
- 식사할 때 웃으면 소화기관이 자극되어 소화가 잘 된다
- 웃음은 뇌파에도 영향을 미친다. 환자가 10분간 통쾌하게 웃으면 고통을 덜 느낀다.
- 웃음은 임파구를 증가시킨다. 웃음은 면역체계와 소화기관을 안정시키는 역할을 한다.

- 웃음은 대뇌를 발달시켜서 자살과 우울증의 원인인 소외감을 없애 준다.
- 웃음이 신경에 주는 효과가 있다. 웃음과 유머가 건강에 많은 효과가 있다.
- 웃는 흉내만 내도 행복해진다.

5) 웃음이 질병에 미치는 효과

- 감기는 웃음이 특효약이다.
- 유방암을 웃음으로 치료한다.
- 희귀한 관절염을 웃음으로 치료한다.
- 팔뚝 상처, 웃는 자가 빨리 아문다.
- 혈압이 웃음 치료로 떨어진다.
- 관절염을 웃음으로 치료한다.
- 간암을 웃음으로 치료한다.
- 암을 웃음으로 예방한다.
- 심장병을 웃음으로 예방한다.
- 아토피(피부병)가 웃음으로 치료된다.
- 다이어트에도 웃음이 효과가 있다.
- 한바탕 웃는 것은 건전한 운동이 된다.

- 웃음이 진통 효과를 낸다.
- 화를 자주 내는 사람은 심장마비의 위험이 높다.
- 웃음으로 혈류량이 증가한다.

달콤한 유머 | 사오정의 이력서

사오정이 그동안의 방탕한 백수 생활을 청산하고 취직을 하기로 맘을 먹었다. 친구 팔계에게 옷을 빌려 입고 이력서를 들고 모 기업에 찾아갔다. 그는 이력서를 자신 있게 내놓았다. 우리의 사오정, 이력은 어떤지 살펴보자

성명: 사오정

본적: 누굴 말입니까?

주소: 뭘 달라는 겁니까?

호주: 가 본 적 없음

성별: 사

신장: 두 개 다 있음

가족 관계: 가족과는 관계를 갖지 않음

지원 동기: 우리 학과 동기인 영구랑 같이 지원했음

모교: 엄마가 다닌 학교라서 난 모름

자기소개: 우리 자기는 아주 예쁨

수상 경력: 배 타 본 적 없음

07
웃음 치료 스피치

웃음은 두 사람 사이의 가장 가까운 거리이다.

- 빅터 보르게 -

1) 원칙

웃음 치료의 정의뿐만 아니라 웃음 치료사의 역할을 정확히 이해한 후 웃음 치료의 스피치 개념을 이해하여 최상의 스피치를 할 수 있도록 스피치 훈련을 하여 훌륭한 웃음 치료사로서의 스피치를 구사하여야 한다.

2) 화법과 화술

(1) 화법

① 1단계: 발성 훈련

아 - 어 - 아 -

이 - 이 - 이 -

우 - 우 - 우 -

에 - 에 - 에 -

오 - 오 - 오 -

열심히 듣고

노력을 하였더니

최고가 되었습니다

산도 푸르고

바다도 아름답고

인심도 좋은

경남이 좋습니다

② 2단계: 낱 발음 훈련 1

웃 으 면 상 대 방 을 즐 겁 게 하 고 인 간 관 계 에 윤 활 유 역 할 을 하 여 비 즈 니 스 가 잘 되 게 하 니 당 연 히 돈 이 굴 러 들 어 오 게 되 어 있 다

③ 3단계: 낱 발음 훈련 2

웃 는 얼 굴 을 한 사 람 유 머 스 러 운 대 화 를 하 는 사 람 다 른 사 람 을 즐 겁 게 하 는 사 람 은 어 디 를 가 나 환 영 받 고 호 감 을 받 기 마 련 이 다.

④ 4단계: 난발음 훈련 1

내가 그린 기린 그림은 잘 그린 기린 그림이고
네가 그린 기린 그림은 못 그린 기린 그림이다
간장공장 공장장은 강 공장장이고
된장공장 공장장은 장 공장장이다

⑤ 5단계: 난발음 훈련 2

최철수 책상 철 책상
중앙청 창살 쌍 창살
시청찰살 외 창살
대우 로얄
뉴 로얄
서울특별시 특허 허가국 특허 허가과
허가과장 허 과장

(2) 화술

① 인사말: 유머, 소재, 재소개, 인터뷰, 퀴즈, 쇼 등

② 전개

③ 본론(메시지)

- 웃음 동기부여: 학습, 사전적, 속담, 격언, 인용, 매체 등
- 웃음 기법: 게임, 체조, 도구, 소품, 노래, 마술, 그림, 칭찬 등

④ 마무리 인사말: 간단 명료, 최후 메시지

3) 스피치의 중요성

인간이 다른 동물과 비교하여 이렇게 문명을 발달시킬 수 있었던 것은 언어를 활용하는 대화를 할 줄 알기 때문이다.

그렇게 중요한 언어를 조금 더 효율적으로 말하고 기술적으로 말하는 방법들을 공부한다면 최상의 의사소통 능력을 가진 능력 있는 리더가 될 수 있을 것이다.

4) 웃음 스피치

현대 생활에 있어 교과서적인 정통 스피치만으로는 자기를 어필하기가 어렵다. 판에 박힌 예절과 친절 교육으로 서비스를 행해서는 고객의 짜증만 유발시킬 뿐이다.

인사 한마디라도 기계적으로 나오는 스피치는 안 하는 것이 더 나을 것이다. 90도 각도로 인사하며 만들어진 스마일로 맞이하는

모습이 결코 멋진 서비스는 아니기 때문이다. 백화점이나 행사장 입구에 줄을 지어 서서 기계적으로 인사하는 도우미들의 인사를 받고 감동하는 사람은 없다. 고객의 입장에선 오히려 부담스럽고 가증스럽게 느껴질 뿐이다. 따라서 그런 기계적인 인사는 결코 편하지 않다.

5) 서비스 스피치

고객에게 엉뚱함, 즐거움을 선사하기 위한 자기만의 독특한 인사, 고객들에게 웃음을 선사하기 위한 서비스 스피치는 고객을 위한 따뜻한 마음 하나로 집중하면 누구나 창조해 낼 수 있다. 이러한 창의적인 스피치에서 더 나아가 행동과 모습까지도 그 콘셉트에 색깔을 입힌다면 완벽하지 않을 수 없을 것이다.

'이단'과 '파괴'라는 말은 자유를 연상시킨다. 그 어디에도 얽매이거나 소속되어 규칙을 따를 필요가 없는 이단에서 강한 힘이 분출되고 파괴로부터 새로운 창조가 태어난다.

6) 칭찬 스피치

자기 표현의 궁극적 목적은 칭찬에서 비롯된다고 볼 수 있다.

칭찬의 힘이 얼마만큼 위대한지, 우리는 알버트 아인슈타인 하면 아마 모르는 사람이 없을 것이다. 많은 사람들은 그가 20세기가 낳은 세계 최고의 천재 중의 한 사람이라고 말한다.

그러나 그의 학창시절을 보면 그는 결코 천재가 될 자격이 없는 사람이었다. 그의 고등학교 생활기록부에는 담임 선생님의 날카로운 지적이 생생히 적혀 있었다. "이 학생은 무슨 공부를 해도 성공할 가능성이 없습니다."

이러한 내용이 적힌 성적표를 받아든 아인슈타인의 어머니는 낙담해하는 아들을 오히려 달래며 "아들아! 너는 다른 아이와 다르단다. 네가 다른 아이와 같다면 너는 결코 천재가 될 수 없어"라고 격려하였다. 아인슈타인의 담임 선생님은 비록 그의 천재성을 알아보지 못했지만, 그의 어머니는 아인슈타인의 가능성을 보았고, 미래를 보았던 것이다.

남여 할 것 없이 빼곡히 들어 차 꼼짝도 할 수 없었다. 어떤 역에서 사람들이 내리고 다시 탄 직후였다. 어떤 여대생 뒤에서 한 남자가 큰소리로 떠들어 댔다.

"다리 좀 벌려 봐유!"

그래도 그 여대생은 가만히 있었다.

"다리 좀 벌려 보라니께유?"

그 여대생은 아주 조금 벌려 주었다.

"좀 더 벌려 봐유. 안 들어가잖아유!"

여대생은 얼굴이 발갛게 되어 조금 더 벌려 주었다.

"아이 참! 팍 좀 벌려유. 고추 좀 넣게!"

순간 지하철에 있는 사람들은 동시에 웃었다.

그 남자의 손에는 시골에서 갓 가지고 온 고추 자루가 들려 있었다.

08
웃음 치료의 실제

웃음은 보약보다 좋다

- 허준 -

1) 웃음 치료의 실제

저자는 행복 강의 전문가이기도 하지만 웃음 치료사이기도 하다. 그래서 전국을 두루 다니며 웃음 치료 강의를 많이 했다. 전국 각계각층, 남녀노소, 종교 단체나 각종 모임 등에 초청받아 강의를 많이 하였지만 그럴 때마다 느끼는 것이 웃음 치료 강의를 하면 모든 대상자들이 정말 실컷 웃고 행복해한다는 것이다.

저자가 보통 웃음 치료 강의를 초청받아 가면 대부분 1시간에서 1시간 30분 정도 강의를 하는데 강의를 마치고 나면 많은 분들이 강의를 했던 저자를 만나 빨갛게 상기된 얼굴로 저자의 손을 꼭 잡고 "강사님! 정말 고맙습니다. 오늘 강사님 덕분에 내가 지금까지 살아오면서 한평생 웃었던 웃음보다 오늘 강사님 강의를 들으면서 웃었던 웃음이 더 많았던 것 같습니다. 정말 행복한 시간이었습니다"라고 하면서 저자가 가르쳐 주었던 박수 웃음을 치며 큰 소리로 "하하하하하" 웃는 모습을 보면 강의를 한 보람을 많이 느끼며 집으로 돌아오는 내내 행복한 기분으로 벅찬 감동이 밀려오면서 행복 강의와 웃음 치료 강의를 하러 다니는 강사가 된 것에 감사하며 살아가고 있다.

그렇다면 저자가 전국을 다니며 많은 사람들에게 전파하고 있는 웃음 치료의 실제를 독자 여러분들에게 모두 공개하고자 한다.

(1) 박수 웃음

두 사람이 서로 마주 앉거나 서서 서로의 손바닥을 펼친 상태로 각자의 어깨 높이만큼 든다. 서로를 향해 활짝 웃는 얼굴로 "만나서 반갑습니다"라고 인사를 한 후 서로의 손바닥을 부딪치면서 "하하하하하"라고 소리를 지르면서 웃는다.

(2) 축복 웃음

두 사람이 서로 마주 앉거나 서서 서로의 손바닥을 펴서 상대방을 향해 축복하는 자세를 취한 다음 활짝 웃는 얼굴로 서로를 향해 "당신을 보니 기분이 좋습니다"라고 고백한 후 서로의 손바닥을 부딪치면서 "하하하하하"라고 소리를 지르면서 웃는다. 곧 이어서

"당신을 보니 웃음이 나옵니다. 하하하하하", "당신을 보니 행복합니다. 하하하하하", "당신은 나에게 웃음을 주는 사람. 하하하하하", "당신은 나에게 사랑을 주는 사람. 하하하하하", "당신은 나에게 행복을 주는 사람. 하하하하하" 등으로 서로에게 축복하는 멘트를 하게 한 후 두 사람이 박수를 치면서 웃는다.

(3) **배 치기 웃음**(소화 불량, 변비 치료)

어깨 넓이만큼 발을 벌리고 무릎을 약간 구부린 기마 자세를 취한 후 자연스럽게 호흡하면서 양손 바닥을 동시에 배꼽(단전) 주위 부분을 세게 치면서 칠 때마다 "하", "하"를 외치며 웃는다. 다 치고 난 후에는 "기분 좋다"라고 외치며 웃으면서 배를 쓰다듬어 준다.

(4) **몸 사랑 웃음**(암 예방)

눈을 감은 채로 손바닥을 비비면서 웃는다. 내 몸에게 "고맙다"라고 말하면서 웃는다. "나는 내가 좋다", "나는 내가 참 좋다", "나는 내가 아무 조건 없이 좋다"라는 말을 반복하면서 웃는다.

(5) **비행기 웃음**(면역력 강화)

손끝을 펴고 두 팔을 쭉 뻗어 비행기를 이륙시키는 듯 앞으로 밀어 올린다. 동작과 함께 입을 크게 벌리고 "하하하하하" 하며 웃는다. 이때 웃음소리는 배 속에서부터 끌어올려야 한다. 팔을 쭉 뻗은 채 손을 서서히 높여 비행기를 상공에 띄우는 시늉을 한다. 앞으로 천천히 걸어 나가면서 양손을 번쩍 치켜들어 비행기가 상공으로 올라가는 모양을 흉내 낸다. 비행기를 최대한 높이 띄운 다음 입꼬리를 당겨 올려 숨이 끊어질 듯, 있는 힘껏 웃는다. 몸 안의 웃음을 모두 뱉어낸 다음 두 팔을 양옆으로 내리며 "히히히히히" 하며 웃는다.

(6) 엔도르핀 장 웃음(변비와 복부 다이어트)

다리를 어깨 넓이로 벌리고 무릎을 약간 구부린 다음 엉덩이를 가볍게 앞뒤로 튕겨 주면서 앞으로 내밀 때 "하", 뒤로 내밀 때 "하" 한다. 속도를 내면서 앞뒤로 엉덩이를 내밀면서 "하", "하", "하", "하" 하며 웃는다.

(7) 행복 웃음

마음을 가라앉히고 눈을 감은 상태에서 행복한 기억을 떠올리며 "나는 행복해"라는 말을 3회 반복한 후 마음속에 행복한 기억을 떠올리며 15초 동안 입꼬리를 최대한 끌어 올리고 호흡을 길게 내쉬면서 흐뭇하게 미소 짓는다.

(8) 하하 신발 웃음(혈당 조절)

손을 가슴에 얹고 마음속에 '오늘 컨디션 최고다'라는 생각을 하며 어깨를 편다. 자신의 보폭에 맞게 걸으면서 자연스럽게 입꼬리를 올리며 미소를 짓는다. 왼발과 오른발이 땅에 닿을 때마다 "하하"라고 웃는다. 그다음에 30분 정도 걸으며 웃음 운동을 한다.

(9) 칵테일 웃음

오른손엔 잔을 들고 "아하하하하하", 왼손은 따르면서 "오호호호호호", 마시면서 기분 좋아 "이히히히히히", 다 마시고 큰 소리로 "우하하하하하" 한다.

(10) 개다리춤 웃음

두 손은 박수를 치고, 두 발을 구부려 떨면서 신나게 웃는 웃음이다.

(11) 머리 마사지 웃음

눈을 감고 호흡을 길게 내뱉는다. 머리를 가볍게 손끝으로 두드리면서 "나는 똑똑해", "나는 오늘 시험 반드시 합격할 것 같아", "왠지 이 과목에서는 100점을 맞을 것 같은 느낌이 든다"고 말을 하면서 크게 웃는다. 좌뇌와 우뇌가 골고루 자극되어 시원하다고 상상하면서 웃는다.

(12) 자연스러운 웃음

자기 본연의 웃음소리로 살찐 부위를 두드리면서, 크게 크게 웃는다.

(13) 손뼉 웃음(아토피 치료)

아토피 환자와 가족이 서로 마주앉아 양 손바닥을 마주 든다. 손바닥을 마주쳐 박수를 친다. 손뼉을 마주칠 때마다 "아토피 피부는 반드시 치료될 거야"라는 확신을 가지고 "하" 하고 소리를 내며 큰 소리로 웃음을 이어 간다. (아토피 자녀를 시시때때로 껴안고 칭찬을 퍼부으며 마음껏 웃어 준다. 겨드랑이나 발바닥을 긁어 주어 간지럼을 태워서 웃게 한다. 엄마 아빠의 '웃음 약'으로 아토피 아이를 치료한다. 시간을 정해 두고 온 가족이 함께 웃는다.)

(14) 훌라후프 웃음

마치 허리로 훌라후프를 돌리는 것처럼 허리를 흔들면서 마음껏 웃는 웃음이다.

(15) 약손 웃음(관절을 부드럽게)

활짝 웃으면서 손바닥을 마주대고 신나게 비비면서 "건강해, 나는 아주 건강해"라고 말한다. 손바닥에서 따뜻한 온기가 느껴지면 손뼉을 치면서 10초 정도 신나게 웃는다. 손바닥을 관절에 갖다 대고 가볍게 문지르다 두드리기를 30초 정도 반복한다. 이 동작을 3회 반복하면서 웃는다.

(16) 드럼 웃음

마치 드럼을 두드리듯이 책상이나 바닥을 힘껏 두드리면서 함성을 지르며 신나게 웃는 웃음이다.

(17) 롤러코스터 웃음

두 팔을 벌려서 속도에 맞추어 올라가는 느낌으로 점점 크게 "아, 하하하하하" 웃고, 정상에 올라가다 잠시 멈추고 내려올 때 "악" 하고 크게 웃는다.

(18) 조개 웃음(가슴을 튼튼하게)

손바닥이 서로 마주보게 일자로 손을 붙인 채 앞으로 내민다. 손을 조금씩 벌리면서 문을 열어 복을 끌어당기는 듯한 기분으로 점점 크게 "하하하하하" 하면서 웃는다. 두 손이 다 펼쳐지면 그 상태에서 10초 정도 멈춰서 최대한 크게 "하하하하하" 웃는다. 다시 펼친 손을 모으면서 "히히히히히" 하면서 웃음을 충전한다. 이때 웃기 시작할 때부터 입을 크게 벌리고 의식적으로 호흡이 배 속으로부터 나오도록 한다.

(19) 침묵 웃음(억지웃음)

속으로 배가 아프도록 힘을 주면서 웃는 웃음으로 소리 없이 “아하하하하하”, “오호호호호호”, “이히히히히히” 등으로 웃는다. 웃음이 끝나면 한바탕 신나는 음악을 틀어놓고 함께 웃는다.

(20) 자신감 충전 웃음

화장실 거울 앞에 서서 미소를 짓는다. 고객과 만났을 때 가장 이상적인 상황이 펼쳐지거나 계약이 매끄럽게 체결되는 등 자신이 원하는 상황을 마음속에 그려 보면서 “오늘 나는 잘할 거야”, “오늘 계약은 반드시 체결될 거야”, “오늘 일이 잘될 거야”라고 하면서 자신감을 가져 본다. 이제 웃음소리를 높여 좀 더 크게 웃어 본다. 고객이 환하게 웃고 있는 장면을 상상하면서 더 크게 웃어 본다.

(21) 몸 풀기 웃음

가볍게 박수를 치면서 “하하”, “호호”, “히히”를 계속 높여 간다. 서로 마주 보고 다시 “하하”, “호호”, “히히”를 더 크게 높은 음으로 올라간다. 다시 한 번 서로 마주 보고 “아하하하하하”, “오호호호호호”, “이히히히히히”라고 최대한 크게 소리를 지르면서 웃는 웃음이다.

(22) 엉덩이 웃음

엉덩이를 실룩샐룩 하면서 신나는 음악에 맞추어 엉덩이를 흔들며 웃는 웃음이다.

(23) 전기 자극 웃음

마치 전기에 감전된 것처럼 경악하는 웃음으로 서로 마주 보면서 손끝을 대어 손끝이 부딪치면 "으악! 하하하하하" 하며 비명을 지르며 웃는 웃음이다.

(24) 몸 터치 웃음

자신의 손끝으로 "하하", "호호", "히히"라고 웃으며 자신의 온몸을 두드리면서 목젖이 보일 때까지 최대한 크게 웃는 웃음이다. 혼자서 할 수도 있고 두 사람이 서로 마주 보고 서로의 몸을 터치하면서 웃을 수도 있다.

(25) 파 웃음

마치 연기자 최불암 씨가 웃는 웃음처럼 입을 순간적으로 "파"라고 하면서 벌리며 웃는 웃음.

(26) 휴대폰 웃음

휴대폰을 귀에다 대고 마치 전화가 와서 가장 친한 친구와 이야기하듯이 상대방과 기분 좋은 통화를 하는 것처럼 "그래! 승진했다고. 정말 축하하네. 아하하하하하", "아니 셋째 아이를 출산했다고, 정말 축하하네. 으하하하하하"라고 하면서 큰 소리로 축하하며 웃는 웃음이다. 휴대폰이 없을 경우에는 손으로 휴대폰을 귀에 갖다 댄 것처럼 시늉을 하여도 무방하다. 통화를 하면서 자신이 평소에 원하던 것을 얻은 것처럼 말해보는 것도 좋다.

(27) 다이어트 웃음

신나는 음악과 함께 자신의 신체 부위 가운데 살을 뺐으면 하는 부위를 힘껏 두 손바닥으로 때리면서 노래 가사를 "하하하"로 하여 몸을 흔들며 가사대로 노래를 부르다가 가사 중간중간을 "하하하"로 부르면서 웃는 웃음이다.

(28) 창문 웃음

두 사람이 마주 보고 서로 손바닥을 대어서 얼굴을 가리고 있다가 "창문을 여세요"라는 구령과 함께 서로의 손바닥을 옆으로 벌리면서 마치 창문을 여는 시늉을 하며 상대방의 얼굴을 마주 보고 "아! 이뻐. 으하하하하하", 다시 "창문을 닫으세요"라는 구령과 함께 서로의 손바닥을 다시 창문을 닫듯이 닫으며 "이히히히히히"라고 웃음을 충전하는 웃음이다.

(29) 태권 웃음

태권도에서 찌르기 자세를 하듯이 두 발을 어깨 넓이만큼 벌리고 다리를 약간 구부린 기마 자세를 한 후 구령에 맞추어 왼손, 오른손을 번갈아 가면서 앞으로 찌름과 동시에 입으로는 "하", "하", "하", "하" 하면서 큰 소리로 웃는 웃음이다.

(30) 포인트 웃음

상대방의 예쁜 곳, 칭찬해 주고 싶은 곳을 가리키면서 서로 마주 보고 웃는다.

(31) 댄스 웃음

신나는 음악에 맞춰서 댄스를 추면서 웃는 웃음이다.

(32) 독서 웃음

마치 재미있는 만화책을 보는 것으로 생각하고, 왼손은 책을 펴든 것처럼 손바닥을 펴고, 오른손은 마치 책장을 넘기듯이 왼쪽에서 오른쪽으로 넘기는 시늉을 하면서 너무 너무 재미있다는 생각을 하면서 마음껏 웃는 웃음이다.

(33) 강강수월래 웃음

모든 사람이 손을 마주 잡고 강강수월래를 하듯이 원을 그린 후 모두가 가운데로 모여들면서 큰 소리로 "아하하하하하", 가운데에 모여서는 서로 잡은 손을 위로 들어서 흔들며 더욱 큰 소리로 "우하하하하하", 다시 원래대로 물러나면서 "이히히히히히" 한다. 피날레를 할 때는 가운데 모여 서서 서로의 몸에 간지럼을 태우며 웃어도 좋다.

(34) 사자 웃음

일단 혀를 쑥 내밀되 최대한 길게 내민다. 이 사자 자세는 요가의 기본 자세로 이 자세를 하게 되면 긴장이 사라지는 효과가 있다. 혀를 내 밀고 큰 소리로 "아하하하하하", "오호호호호호", "이히히히히" 하면서 웃는 웃음이다.

(35) 데굴데굴 웃음

방바닥에 누워 이리 저리 데굴데굴 구르면서 웃는 웃음이다. 이 때 부딪치는 사람의 몸을 간질이면서 웃음을 도출하면 더 큰 웃음을 웃을 수 있다.

(36) 심호흡 웃음(통증 완화)

통증이 느껴지면 호흡을 깊게 들이켜 잠깐 동안 숨을 참는다. 잠시 후 "하하하하하" 하는 웃음소리를 내며 숨을 천천히 내쉰다. 10초 정도 호흡을 내뱉으면서 웃는다. 이 동작을 3회 반복하며 크게 웃는다.

(37) 먼지 털이 웃음

내 몸 어디라도 내 손이 닿으면 마음의 모든 근심과 걱정이 사라진다고 생각하고 머리부터 발끝까지 시원하게 털면서 크게 웃는다.

(38) 모기잡기 웃음

일어 선 상태에서 활짝 웃는 얼굴로 몸을 가볍게 움직이며 스트레스나 갈등이 마치 모기가 되어 돌아다니는 것처럼 상상을 한 후 모기가 날아들면 두 손을 마주쳐 잡듯이, 스트레스나 갈등을 두 손으로 잡는다고 생각하고 웃으면서 신나게 잡아 본다. 그리고 바닥에 떨어진 모기를 발로 잡듯이 밟고 뛰면서 신나게 웃으면 된다.

(39) 혈압 조절 웃음(소화 촉진)

다리를 어깨 넓이로 벌리고 손을 허리에 얹은 상태로 편안한 자세로 선다. "내 혈압은 120에 80이다"라고 3회 반복해서 외친 후 크게 소리를 내서 10초 이상 유쾌하게 웃는다. 혈압이 높은 사람은 길게 오랫동안 웃는 것보다 약간은 짧게, 자주 웃어 주는 것이 좋다. 웃음은 순간적으로 혈압을 상승시키고 신체의 내압을 강화시킬 수 있는 방법이다.

(40) 곤지곤지 웃음

손에는 우리 몸의 오장육부가 다 들어 있다. 손바닥 중앙을 자극해 주면 위와 장이 영향을 받아 건강해진다. 오른손 집게손가락을 세워 들고 아가들이 곤지곤지를 하듯 왼쪽 손바닥의 정중앙을 10회 찌른다. 손을 바꾸어 왼손 집게손가락으로 오른손 손바닥 중앙을 10회 찌른다. 이때 자신의 위가 튼튼해지고 있다고 상상하면서 웃는다. 양손의 손날을 세워 서로 부딪치면서 웃는다. 손을 배에 대고 정성스럽게 쓰다듬으면서 웃는다.

(41) 스마일 버튼 웃음

우리 몸의 특정 부위를 스마일 버튼으로 정하고 그 부위를 누를 때마다 큰 소리로 웃는 웃음이다.

(42) 호호 다이어트 웃음(체중 감소)

두 손바닥을 배에 대고 배를 때리면서 길게 웃는다. 자신이 날씬해진 모습을 상상하면서 웃으면 내 몸도 그렇게 되기 위해 함께 노력한다.

(43) 제기차기 웃음

어릴 적 제기차기 하던 때를 추억하며 제기 차는 시늉을 하면서 큰 소리로 웃는 웃음이다.

(44) 핸드 롤링 웃음

백화점 입구에서 손을 흔들며 인사하는 사람들이 있다. 무릎을 약간 구부려 손을 반짝반짝 돌리면서 활짝 웃으면서 "반갑습니다." 라고 인사를 하는데 이것을 핸드 롤링이라고 한다. 혼자서나 파트너와 함께 손을 반짝반짝하기도 하고, 교통 수신호 하듯이 하기도 하고, 춤 동작을 넣어 보기도 하고, 한 바퀴 돌기도 하는 등 자신만의 특별한 동작을 만들어 큰 소리로 웃으면서 인사를 나누는 웃음이다.

(45) 트위스트 웃음

트위스트 음악에 맞추어 춤을 추면서 신나게 웃는 웃음이다.

(46) 디스코 웃음

디스코 음악에 맞추어 춤을 추면서 신나게 웃는 웃음이다.

(47) 관광버스 웃음

두 팔은 앞으로 내밀고 마치 관광버스에서 춤을 추듯이 음악에 맞추어 신나게 두 팔을 옆으로 흔들면서 웃는 웃음이다.

(48) 화장 웃음

마치 화장을 하듯이 왼손은 손바닥을 펴서 거울을 쳐다보듯이 얼굴 앞에 갖다 대고 오른손은 얼굴에 화장을 하듯이 얼굴 부위를 터치하면서 "아! 예뻐"라고 하며 웃는 웃음이다.

(49) 기타 웃음

마치 기타를 치듯이 왼손은 앞으로 내밀고 오른손은 오른쪽 옆구리에 갖다 대어 기타 줄을 튕기듯이 몸을 흔들면서 웃는 웃음이다.

(50) 두뇌 웃음(치매 예방)

눈을 감고 앉아 기분 좋은 생각을 떠올린다. "히"라는 웃음소리를 내면서 머릿속으로 웃음소리를 느껴 본다. 뇌가 얼굴을 따라 웃는다고 생각하면서 가볍게 웃는다. 웃을 때 뇌가 젊어진다고 상상하면 웃음의 효과를 배가시킬 수 있다.

(51) 감사 웃음 1

양손을 하트 모양을 만들어 앞으로 내밀면서 상대방에게 감사함을 표현하며 웃는다.

(52) 식사 감사 웃음

식사 전에는 감사의 기도를 한 후 "감사히 먹겠습니다", 식후에는 "감사히 먹었습니다"라는 말과 함께 15초 정도 가볍게 웃는다. 식사 전에 하는 웃음은 식욕을 돋워 주고 식후에 하는 웃음은 섭취한 음식의 소화와 흡수에 도움이 된다.

(53) **토론 웃음**

두 사람이 서로 마주 보고 서로 거리를 두고 서서 상대방과 경쟁적으로 집게손가락으로 가리키며 크게 웃음을 웃는다.

(54) **사과 웃음**

두 사람이 서로 경쟁적으로 웃은 토론 웃음 뒤에 이어서 하면 좋은 웃음이다. 토론 웃음으로 서로 경쟁하였던 미안한 마음을 표현하는 웃음으로 자신의 팔을 교차하여 두 귓불을 잡고 "미안합니다. 으하하하하하" 하면서 무릎을 굽혀 웃는 웃음이다.

(55) **치카치카 웃음**

칫솔질을 하면서 입을 크게 벌려서 닦으면서 칫솔을 움직일 때마다 웃어 보자. 거울을 보면서 웃으면 더 신나게 치아를 닦을 수 있다.

(56) **도리도리 웃음**

입꼬리를 잡아 올리는 기분으로 미소를 머금는다. "이거야 간단하지, 왜냐하면" 하고 3회 반복해서 말한다. 이때 마치 어린아이들이 도리도리를 하듯이 머리를 가볍게 흔들면서 머릿속이 환해진다고 상상하면서 웃는다.

(57) 소싸움 웃음

소가 네 발로 걸어 다니면서 다른 소를 만나면 뿔로 들이 받듯이 손을 방바닥에 대고 엉금엉금 걸어 다니다가 누구라도 만나면 그 사람의 몸에 머리를 들이 밀면서 "으하하하하하" 큰 소리로 웃는다. 서로 경쟁적으로 터치하면서 웃으면 더 효과적이다.

(58) 날숨 웃음

왠지 짜증나고 뭔가 자신이 원하는 대로 진행되지 않을 때 가볍게 입꼬리를 올리고 숨을 길게 내쉬어 보자. 호흡을 끝까지 내뱉는 것만으로도 기분이 좋아진다. 날숨을 뱉으면서 "아하하하하하" 소리를 내면 호흡과 함께 몸 안의 독기도 함께 빠져나간다.

(59) 스트레스 극복 웃음

스트레스를 받으면 그냥 다른 생각은 하지 말고 큰 소리로 "하하하하하"라며 웃음으로 받아쳐 보라. 이 세상에서 스트레스 없는 사람은 아무도 없다. 스트레스가 없는 곳은 무덤밖에 없다. 수시로 오는 스트레스를 좋게 해석하라. 스트레스가 쌓일 때는 가장 행복했을 때를 떠올리되 "스트레스가 쌓인다"는 말을 절대로 하지 마라.

(60) 갈등 해소 웃음

방바닥에 앉아서 크게 웃으면서 방바닥을 치거나 누워서 방바닥을 치면서 모든 갈등 사라지듯이 계속해서 웃는다. 앉았다 누웠다 반복하면서 바닥을 치며 웃으면 모든 갈등의 요인들이 서서히 사라진다.

(61) 하마 웃음

하마처럼 입을 크게 벌리고 "하하하하하" 웃는 웃음이다.

(62) 칭찬 웃음

자연스러운 미소를 머금은 상태에서 자신이 평소 받고 싶었던 칭찬 한마디를 생각하여 자신에게 칭찬을 해 준다. "나는 정말 내가 좋다", "나는 정말 멋진 사람이다", "나는 정말 행복한 사람이다"라는 말 등 자신이 원하는 칭찬을 번갈아 가면서 반복하는 웃음이다.

(63) 허밍 웃음

소리를 내지 말고 가볍게 입꼬리를 끌어올려서 웃으면 된다. 웃음이 커지면 혼자서 조용히 피식거리면서 웃으면 된다.

(64) 행복한 척 웃음(우울증 극복)

행복한 척 웃음을 웃기 위해서는 마치 호령하는 장군처럼 특별히 고개를 빳빳하게 세우고 어깨를 펴고 하늘을 향해 크게 웃는다. "나는 이 세상에서 가장 행복한 사람이다. 하하하하하". 세상 누구보다 행복한 것처럼 크게 웃기만 하면 된다. 이때 고개를 들어 오른쪽 위를 바라보면 더 기분이 좋아지게 된다.

(65) 명상 웃음

조용히 명상하듯이 자리에 앉아 "오늘 하루도 행복하자. 하하하하하. 오늘도 멋진 미소를 사람들에게 보여 줘야지. 하하하하하"라고 스스로 다짐하자. 행복하기를 원하면 "행복해지겠다"라고 다짐하며 웃으면 행복해진다.

(66) 행복의 잔 웃음

자신 앞에 마시면 행복해지고 즐거워지는 행복의 잔이 있다고 상상한 후 그 잔에 미소를 지으면서 오른손과 왼손으로 기쁨과 행복을 따른다. 그리고 행복의 잔을 마시면 행복해진다고 상상하면서 번갈아 가며 마시는 시늉을 하면서 크게 웃는다.

(67) 사랑 고백 웃음

파트너와 서로 눈을 맞추고 서로가 하나가 됐다는 느낌을 갖고 미소를 지으면서 "나는 당신을 사랑합니다"라고 고백하면서 웃어 준다. 아이와 함께할 때는 아이를 바닥에 눕히거나 안은 채 아기와 눈을 맞추고 아이와 하나가 됐다는 느낌을 갖고 미소를 지으면서 "사랑해"라고 말하며 웃어 준다.

(68) 관절 돌리기 웃음

자리에서 일어나 파트너와 함께 어깨를 돌리며 입꼬리를 올려 보자. 손목(발목) 돌리기, 허리 돌리기, 목 돌리기 등을 하면서 "하하하하하" 웃어 본다.

(69) 감사 웃음 2

이 감사 웃음은 부자가 되기 위한 웃음이다. 모든 일을 하기 전에 "감사합니다. 하하하하하"라고 외쳐 본다. 사람을 만날 때마다, 사무실에 들어갈 때마다, 회의 때마다, 동료들에게 수시로 "감사합니다"라고 말한다. 모든 것에 감사하는 감정을 가지고 어떤 물건이라도 보이면 그 물건을 손에 들고 그 사물을 보고 "○○야, 감사하다(고맙다). 하하하하하"라고 하며 큰 소리로 웃는다.

(70) 숙면 웃음

조용히 눈을 감고 자리에 누워 마음을 편안하게 하고 두 손은 배에다 갖다 댄다. 입꼬리를 올려 웃음을 지으며 기분 좋은 상태를 1분 정도 계속 유지하며 미소와 함께 조용히 "감사합니다", "고맙습니다", "행복합니다"라는 말을 계속하면 심신이 이완되면서 편안하게 잠들 수 있게 된다.

(71) 묵상 웃음

자신이 살아야 하는 이유들을 생각해 보고 마음속에 떠오르는 이유들을 종이에 적어 본 후 입가에 미소를 머금고 적어 놓은 이유들에 대해 묵상하며 큰 소리로 웃는다.

(72) 얼굴 풍선 웃음

입에 공기를 잔뜩 부풀리고 눈가에 주름을 만들면서 눈으로도 웃어 본다. 얼굴에 있는 웃음 근육을 자극하면 자연스럽게 기분 좋고 행복한 생각들이 떠올라 기분이 상쾌하게 된다.

(73) 몸 사랑 웃음

미소를 지은 후 손바닥을 비벼서 마치 아기에게 말을 거는 것처럼 신체 부위에다 갖다 대거나 쓰다듬으면서 "사랑한다", "미안하다", "고맙다" 등의 말을 하면서 크게 웃는다.

(74) 샤워 웃음

샤워를 할 때 비누칠을 하면서 온몸을 씻으면서 해당되는 부위에 웃음과 감사의 인사를 나누듯이 "팔아, 수고 많다. 정말 고맙다. 하하하하하", "허벅지야, 고맙다. 수고해라. 하하하하하" 하면 몸도 마음도 함께 웃는 웃음이 된다.

(75) 행복 웃음

편안한 자세로 앉아 자신이 알고 있는 가장 긍정적인 말들(신나게, 기분 좋게, 행복하게, 즐겁게 등)을 반복하면서 "하하하하하" 웃어본다.

(76) 보행 웃음

길을 걸을 때 내딛는 발에 맞추어 "하" 하면서 입을 벌려 웃는다. 왼발에는 "하", 오른발에는 "호"라고 하면서 박자에 맞추어 웃는다. 제자리에서 걸음을 걸으며 "하하하하하", "호호호호호"라며 신나게 웃어도 된다.

(77) 자존감 웃음

편안한 자세로 앉아서 얼굴에 미소를 떠올리며 자신이 가장 사랑받았을 때를 생각하며 "나는 내가 좋다. 나는 내가 참 좋다. 나는 내가 아무 조건 없이 좋다"라는 말을 반복하며 자신의 가슴을 쓰다듬으며 웃는다.

(78) 셰이크 웃음

오른손엔 행복, 왼손엔 감사가 있다고 생각하고 두 손을 맞잡고 섞는 시늉을 하면서 크게 웃는다.

(79) 악수 웃음

서로 마주 보고 서서 악수를 하면서 "만나서 반갑습니다"라고 인사를 한 후 서로를 쳐다보며 "하하하하하" 크게 웃는 웃음이다.

(80) 피티 체조 웃음

군대에서의 피티 체조를 응용한 웃음으로 발을 어깨 넓이로 벌린 다음 다리를 약간 구부린 자세로 양손을 아래로 내린다. 발을 동시에 떼면서 가볍게 뛰과 동시에 팔은 위로 올렸다 아래로 내리는 동작을 반복한다. 다리와 팔이 위로 올라갈 때 큰 소리로 "하" 소리를 내면서 크게 웃는다.

(81) 해병대 박수 웃음

해병대 박수를 응용한 웃음으로 피티 체조와 같은 자세에서 두 손을 최대한 위로 뻗어서 박수를 칠 때에 큰 소리로 "하"라고 웃는다. 군가인 「진짜 사나이」 노래에 맞추면 더욱 재미와 운동 효과가 좋다.

(82) Z 웃음

영어의 알파벳 Z 모양의 형태로 박수를 치면서 하는 웃음으로 먼저 두 손을 번쩍 들어 왼쪽부터 박수치고, 다시 오른쪽으로 옮겨 박수친 후 몸을 다시 아래로 엎드려 왼쪽 박수치고 오른쪽 박수친 후 다시 처음부터 박수를 친다. 박수칠 때 큰 소리로 "하"라고 웃어 준다.

(83) 클로징 테크닉

모든 웃음 치료의 마지막 단계로 다음의 구호를 외치고 순서를 마친다.

① 리더가 "우리는 웃음을 만들어 가는 사람들이다"라고 외치면 청중들은 두 팔을 활짝 펴들고 "하하하하 우리는 웃음을 만들어 가는 사람들이다"라고 외친 후 손뼉을 치며 큰 소리로 웃는다.

② 리더가 "우리는 세상에서 가장 행복한 사람들이다"라고 외치면 청중들은 두 팔을 활짝 펴들고 "하하하하 우리는 세상에서 가장 행복한 사람들이다"라고 외친 후 손뼉을 치며 큰 소리로 웃는다.

③ 리더가 "우리는 앞으로 멋지게 살아갈 사람들이다"라고 외치면 청중들은 두 팔을 활짝 펴들고 "하하하하 우리는 앞으로 멋지게 살아갈 사람들이다"라고 외친 후 손뼉을 치며 큰 소리로 웃는다.

④ 리더가 "우리는 세계 최고의 웃음 치료사가 될 것이다"라고 외치면 청중들은 두 팔을 활짝 펴들고 "하하하하 우리는 세계 최고의 웃음 치료사가 될 것이다"라고 외친 후 손뼉을 치며 큰 소리로 웃는다.

⑤ 리더는 청중들과 함께 하면 좋을 것 같은 문장을 미리 생각하여 청중들과 함께 하늘을 향해 두 팔을 뻗어 이 세상을 웃음과 행복이 가득한 세상으로 만들어 가고자 결단하는 시간을 가지면 교육의 효과가 더욱 커진다.

달콤한 유머 | 김정은 위원장이 서울에 오지 못하는 이유

김정은 위원장은 문재인 대통령과 만나기 위해 서울을 방문하기로 약속했다. 그러나 그는 아직도 서울에 오지 않았다. 그가 서울에 오지 못하는 이유가 있었다.

이유 1. 서울에는 총알택시가 많다.

이유 2. 서울에는 칼국수가 많다.

이유 3. 서울에는 폭탄주가 많다.

이유 4. 서울에는 핵가족이 많다.

이유 5. 서울에는 왕대포가 많다.

이유 6. 서울에는 부대찌개가 많다.

09

웃음 치료 리더 기법

웃음이 없는 남자는 상점을 개설해서는 안 된다.

- 중국 속담 -

1) 웃음 치료 리더가 되기 위한 방법

요즈음은 웃음으로 사람들의 마음을 치료하는 웃음 치료 리더(웃음 치료사 또는 웃음 지도사)가 당당히 직업인으로 각광받고 있다. 누구나 웃음 치료 리더가 될 수 있지만 아무나 웃음 치료 리더가 되는 것은 아니다.

그렇다면 웃음 치료 리더가 되기 위해서는 어떻게 하면 되는지 그 방법에 대해 알아본다. 웃음은 타고나는 것이 아니므로 꾸준한 연습이 필요하다.

① 억지로라도 웃자. 미국 샌프란시스코의 폴 에크먼 박사는 "사람이 특정한 감정 표현을 흉내 내면 몸도 거기에 따른 생리적 유형을 따라간다"고 하며 일부러라도 웃는 것이 건강에 도움

이 된다는 점을 강조하고 있다. 웃는 것도 연습이 필요하다. 억지로 웃는 연습을 자꾸 하다 보면 어느새 찡그린 표정은 사라지고 만다.

② 긍정적인 사고를 하라.

③ 거울을 자주 보고 "나는 참 매력 있다", "나는 참 멋있게 생겼다"고 자화자찬하라.

④ 멋을 내라(옷차림 속옷도 밝은 색, 화장, 넥타이, 신발, 헤어스타일 등).

⑤ 만나는 사람마다 칭찬을 하며 1일 칭찬을 해 주고 함께 놀아 준다.

⑥ 실수도 즐겁게 받아들여라.

⑦ 누구든지 부담 없이 친밀하게 대하라.

⑧ 집 환경을 자주 바꾸라(커튼, 침대, 웃는 사진, 가구 위치).

⑨ 즐겁고 밝은 노래를 흥얼거려라.

⑩ 남에게 즐거움을 주는 장난꾸러기가 되어라.

⑪ 아이들을 만나면 항상 칭찬을 해 주고 함께 놀아 준다.

⑫ 항상 마음에 여유를 가져라.

⑬ 웃음은 미소가 아니라 '하하', '호호', '깔깔' 등 크게 소리 내어 웃을 때 효과가 있다.

⑭ 웃기는 사람들과 자주 만나라.

2) 웃음의 생활화

(1) 웃음을 생활화하기 위한 주간 웃음 계획

① **월요일**: 월래부터 웃고

② **화요일**: 화사, 화려, 화가 나도, 화통, 화장실에서도 웃고

③ **수요일**: 수수, 수려, 수준 높게, 수줍게 웃고

④ **목요일**: 목이 터져라, 목청껏, 목젖이 보이도록, 목숨 걸고 웃고

⑤ **금요일**: 금방 웃고 또 웃고, 금쪽같이 웃고

⑥ **토요일**: 토하도록(웃), 토실토실 웃고

⑦ **일요일**: 일부러라도 웃고, 일찍 일어나서 웃고, 일없이 웃자!

(2) 박장대소 10계명

① 아침에 일어나자마자 오늘도 "상쾌하게 하하하하하"

② 세수할 때 거울 보며 "예쁘게 하하하하하"

③ 아침 식사할 때 "거뜬하게 하하하하하"

④ 집을 나설 때 "활기차게 하하하하하"

⑤ 직장에서 만나는 사람과 하이파이브 하면서 "신나게 하하하하하"

⑥ 점심 식사할 때 "맛있게 하하하하하"

⑦ 일하면서 아랫배를 두들기며 뱃살대소로 “튼튼하게 하하하하하”

⑧ 퇴근할 때 박장대소로 “보람차게 하하하하하”

⑨ 저녁 운동 시작하며 요절복통으로 “건강하게 하하하하하”

⑩ 잠자기 전 감사하다며 “행복하게 하하하하하”

(3) 직장에서 웃음을 유발하는 방법

① 의도적으로라도 아침에 만나면 악수, 포옹, 하이파이브, 등 쳐 주기, 안마하기, 어깨 주물러 주기 등의 적당한 스킨십과 덕담 한마디를 해 준다. 직원 회의 시간에 개인기나 퀴즈 또는 유머를 한마디씩 의무적으로 하는 것도 웃음을 연출하는 방법이 될 수 있다.

② 크게 웃으면 상체는 물론 위장, 가슴, 근육, 심장까지 움직이게 만들어 상당한 운동 효과가 있다. 따라서 웃을 때는 배꼽을 잡고 크게 웃는 것이 좋다.

(4) 직장 상사라면, 이런 말만은

① 자화자찬을 하지 마라.

② 인사를 하찮게 여기지 마라.

③ 회사 욕이나 푸념을 하지 마라.

④ 항상 고맙다는 말을 아끼지 마라.

⑤ 칭찬을 잘하는 리더가 되라.

3) 사람을 잘 다루기 위한 11계명

- 정직하고 성실하며 믿음직스럽다.
- 아는 것이 많으면서도 항상 겸손하다.
- 누구보다 열심히 일한다.
- 인내심이 강하고 정의로우며 헌신적이다.
- 품위가 있고 책임감이 강하며 생각이 깊다.
- 목표와 신념이 뚜렷하다.
- 신념이 강하며 남의 말을 잘 들어준다.
- 언제나 긍정적인 마음 자세로 임한다.
- 어려운 일에서도 감정을 잘 통제한다.
- 사리판단이 밝으며, 매사에 정열적이다.
- 일상생활에서 유머 감각을 드러낸다.

엽기녀의 시험 답안

엽기녀는 시험지에 이렇게 답을 적었다.

1. 최근 인터넷에서 사용되는 언어가 사회에 미치는 영향을 적으시오.

답: 증말 열라 짱나는 일이 아닐 수 업당….

2. 수필이란?

답: 물속에서 사용하는 연필.

3. 고전 문학과 현대 문학의 차이점을 적으시오.

답: 시조와 시 차이.

4. 연체동물을 적으시오.

답: 연체 좀 시켰다고 동물이라고 하다니 그건 좀 심하다.

5. 돌고래와 상어의 차이점은?

답: 돌고래 쇼는 있어도 상어 쇼는 없다.

6. 열대야 현상이 일어나는 이유를 설명하시오.

답: 아직도 에어컨이 없는 집이 많아서….

7. 다이어트를 위해 유산소 운동을 권장하는 이유는?

답: 선생님은 산소 없이 살 수 이떠엽…?

8. 다음 사자성어를 해석하시오.

'다정다감', '삼종지도', '호사다마'

답: '응큼한 넘', '세 가지 각종 지도', '호화로운 당구'.

10

웃음과 행복

그대의 마음을 웃음과 기쁨으로 감싸라.

그러면 백 가지 해로움을 막아 주고 생명을 연장시켜 줄 것이다.

- 윌리엄 셰익스피어 -

1) 웃음과 행복

"행복한 사람이 웃는 것이 아니라 웃는 사람이 행복한 사람이다"라고 하버드 대학교의 심리학자인 윌리엄 제임스는 말했다.

어떤 사람이 당신에게 "무슨 재미로 삽니까?"라고 묻는다면 무엇이라고 답을 줄 수가 있는가.

사람 사는 모습을 알려주는 일간 신문을 보면, 매일 새로운 사건이 발생해서 사람이 다치거나 죽는 일이 생겨 우리를 슬프게 하고, 각종 비리가 터져 나와 우리를 화나게 하며, 정치판도 서로 헐뜯는 논쟁으로 국민에게 희망을 안겨주기보다는 염증을 느끼게도 한다.

또한 우리의 주머니 사정을 좌우하는 경제도 외국, 특히 미국 의존도가 높기 때문에 요즘 같아서는 칼날 위를 걷는 기분이 든다.

즐거움을 준다는 연예 면이나 스포츠 면도 좋아하는 연예인이 안 나오면 재미없고 응원하는 팀이 지면 괜히 응원했나 하는 심통이 생기고 관심이 없는 기사는 그냥 지나쳐 버린다.

이렇게 세상은 즐거움보다는 걱정스러운 일이, 기쁜 일보다는 슬픈 일이 더 많다고 할 수 있다. 그렇기 때문에 사람은 무표정하게 지내는 시간이 더 많은 것 같다. 인내는 쓰지만 그 열매는 달다는 말처럼 그래도 웃다 보면 기쁜 일도 생기기 마련이다.

2) 웃는 행복이 웃는 감정을 만든다

슬픔의 표현이 눈물인 것처럼 기쁨과 즐거움의 표현은 바로 웃음이라고 할 수 있다.

이 감정의 산물들의 가장 큰 차이점은 웃음은 웃는 자를 힘있게 하지만, 울음은 우는 자를 더 약하게 만든다는 것이다.

그리고 웃음은 우리를 고통에서 벗어나게 함으로써 생기를 느끼게 하고, 눈물은 우리를 고통 속으로 깊이 빠뜨려 나중에는 마음의 병으로 나타난다.

또한 울고 나서는 눈물도 닦아야 하고 콧물도 훔쳐야 하며 여성의 경우 가수 왁스의 노래처럼 화장을 고쳐야 한다는 번거로움도 따른다. 그러나 웃고 나서는 뒷처리를 할 것이 없다.

웃음이 있는 곳에 즐거움이 있다. 힘들고 험하고 어지러운 이 세상에서 웃으며 살아갈 수 있는 것은 '신(神)이 내린 선물이요, 참으로 복된 일'이다.

소문만복래(笑門萬福來), 즉 '웃는 집에 만복이 들어온다'고 했으니 웃고 사는 것은 스스로 복을 부르는 것이다. 가화만사성(家和萬事成), 즉 '집안이 화목하면 모든 것이 이루어진다'는 말도 웃음이 없으면 집안이 화목해질 수가 없고, 만사가 쉽게 이루어질 수가 없다는 의미다.

그런데 그렇게 쉽게 웃고 살 수 없는 데 문제가 있다. 이 세상이 웃으며 살 수 있게 우리를 가만히 놓아두지 않는다. 눈만 뜨면 고민하고 경쟁해야 하는 매커니즘이 웃음을 고갈시킨다.

이로 인해 갈등과 좌절 속에서 마음이 상해 어느 새 미소를 짓는 '큰 바위의 얼굴'은 사라지고 순수함도 내팽개쳐진다.

3) 웃음은 보약보다 좋다

'한 번 웃으면 한 번 젊어진다(一笑一少)'와 같이 예로부터 전해 오는 말 중에는 웃음의 효용에 관한 속담들이 많다.

허준 선생의 『동의보감』에 "웃음은 보약보다 좋다"는 기록이 있는 것으로 보아 유교 문화에 눌려 잘 웃지 않았던 우리 조상들도 웃음의 가치를 인정하고 있었음을 알 수 있다.

서양에서도 웃음이 스트레스를 해소시켜 육체 건강과 정신 건강을 유지하는 데 큰 도움이 되며, 더 나아가 인간의 질병을 예방하고 또 질병을 치료하는 데 큰 효과가 있다고 말하고 있다.

새삼스러운 얘기도 아니지만 과학적으로 입증된 웃음의 약효는 다음과 같다.

연구 결과에 따르면, 웃음은 15개의 안면 근육과 몸에 있는 230여 개의 근육을 동시에 움직이는 자연적인 운동이라고 한다.

1시간 동안 코미디 프로를 시청한 사람의 혈액에는 세균에 저항하는 백혈구가 증가하고, 스트레스를 유발하는 호르몬인 코르티솔은 줄어든다고 한다.

대체적으로 하던 일이 잘 안 되거나 어려운 처지에 있는 사람은 스트레스에 눌려 잘 웃지 못한다. 그러나 잘 웃는 사람을 살펴보면 마치 딴 세상에서 온 사람과 같다. 고민할 문제가 별로 없고 행복하게 살고 있는 것 같다.

따지고 보면 그들에게도 문제가 없는 것은 아닐 것이다. 다만, 문제를 낙관적으로 여기고 잘 웃기 때문에 행복한 것 같다. 그리고 그 웃음 속에 여유와 행복이 배어 나온다.

4) 서로의 거리감을 좁히는 데는 웃음이 최고다

그런데 사람은 혼자 있을 때 별로 웃지 않는다. 다른 사람들과 어울려서 담소를 나누며 즐거움을 나눌 때 웃음의 정도가 커지고 '즐겁다, 재미있다, 시간 가는 줄 몰랐다'는 교감이 형성되어 즐거움이 배가된다.

미국 메릴랜드 주립대의 로버트 프로빈 교수는 혼자서 코미디 영화 등을 볼 때보다 여럿이 함께 볼 때 30배나 더 많은 웃음이 터져 나온다는 연구 결과를 발표했다.

어떤 사람은 돈 모으는 것이 사는 재미라고 할 수 있겠지만, 진정한 의미의 사는 재미는 인생의 고독을 잊고 서로 즐거움을 나누는 것이 아닌가 싶다.

특히 사람과 사람의 거리감을 좁히는 데는 웃음이 최고다. 웃음이 바로 인간관계에서 성공의 열쇠이다.

5) 웃음이라고 다 좋은 것은 아니다

웃음이라고 하는 카테고리에는 그 사람이 처한 상황에 따라 전혀 의미가 달라지는 여러 가지 웃음들이 포함되어 있다.

이것은 자신의 정신건강과 인간관계를 해치는 웃음과 그렇지 않은 웃음으로 크게 나눌 수 있다.

미국의 루돌프 클라임스 박사는 웃음이 건강을 주는 매우 효과적인 치료제이긴 하나 몸에 해로운 웃음 또한 있다고 지적하고, 다른 사람과 함께 웃는 것은 바람직하지만 다른 사람을 조소하는 것은 말하는 자신이나 그런 유머를 듣는 상대에게 상당한 손상을 입힌다고 했다.

일반적으로 소리 내어 크게 웃거나 갑자기 터져 나오는 웃음, 그리고 기쁘게 웃는 웃음 등은 사람의 건강과 인간관계에 보탬이 되는 것들이다.

그러나 남을 업신여기는 듯한 비웃음이나, 같잖아서 웃는 웃음, 빈정거리며 웃는 웃음 등은 자신의 건강을 해치고, 다른 사람과의 관계에 좋지 않은 영향을 미친다. 따라서 화술에서 고상한 유머, 악의 없는 농담 등으로 웃음을 끌어내는 사람은 다른 사람들로부터 호감을 받게 된다. 그 호감을 자산으로 하여 인생의 성공과 행복을 얻게 되는 것이다.

웃음이 가져다주는 생리적 효과에 대해 저명한 의사들이 발표한 연구 결과를 종합해 보면 다음과 같다.

① 스트레스, 긴장, 근심을 해소시켜 준다.

② 근육의 긴장을 완화시킨다.

③ 엔도르핀의 분비를 증가시킨다.

④ 심장 박동 수와 혈액순환을 높인다.

⑤ 혈압을 내려 준다.

⑥ 소화기관을 자극한다.

⑦ 순환기관을 청소한다.

달콤한 유머 | 요즘 남자의 조건 - '쇠' 같은 남자

- 아내의 명령에는 무조건 복종하는 충성심 강한 돌쇠
- 일하고 돈 벌 때는 개미처럼 부지런한 마당쇠
- 아내의 단점이나 잘못은 절대 말하지 않는 철통같은 자물쇠
- 아내의 마음이 닫혀 있을 때에는 언제나 활짝 열어주는 만능열쇠
- 모진 풍파에도 끄떡없이 가정을 지키는 무쇠
- 아내가 아무리 화를 내고 짜증을 부려도 그저 둥글둥글 굴렁쇠
- 아내와 대화할 때는 부드럽고 감미로운 수액의 고로쇠
- 친구들과 밖에서 어울릴 때는 돈 한 푼 안 쓰는 짠돌이 구두쇠
- 아내가 울적할 때 달콤한 노래로 달래주는 이문쇠(?)
- 그리고 밤에는 언제까지나 변강쇠

11
칭찬

칭찬은 고래도 춤추게 한다.

- 켄 블랜차드 -

1) 고래 반응

켄 블랜차드가 지은『칭찬은 고래도 춤추게 한다』는 책이 베스트셀러가 되었다. 그만큼 우리 사회에 칭찬이 필요하다는 반증일 것이다.

위 책의 주인공 웨스 킹슬리는 회사의 중역으로 회사와 가정에서의 인간관계로 많은 고민을 하는 사람이다. 그는 플로리다에 출장을 가 있는 동안 우연한 기회에 시 월드 해양관에서 범고래의 멋진 쇼를 보게 된다.

그런데 크게 기대하지 않았던 무게 3톤이 넘는 범고래들의 멋진 쇼를 보고 어떻게 범고래로 하여금 그렇게 멋진 쇼를 하게 만들었는지 알고 싶어 한다.

이에 범고래 조련사인 데이브는 웨스에게 조련사와 범고래의 관계는 인간 사이의 관계와 다르지 않으며, 멋진 쇼를 하게 만드는 비결은 상대방에 대한 긍정적인 관심과 칭찬, 그리고 격려라고 말해 준다.

그리고 구체적으로 어떻게 긍정적으로 바라보고 칭찬과 격려를 해야 하는지에 대해서는 데이브의 친구이자 세계적인 컨설턴트인 앤 마리가 '고래 반응'이라는 용어를 통해 자세하게 설명해 준다.

데이브와 앤 마리의 도움으로 웨스는 가정에서는 두 아이와 아내로부터 사랑받는 가장이 되고, 직장에서는 보다 높은 성과를 올려 동료들과 부하 직원들로부터 존경받는 상사가 되는 데 성공한다.

그렇다면 무게 3톤이 넘는 바다의 포식자 범고래로 하여금 환상적인 점프를 통해 멋진 쇼를 펼쳐 보일 수 있도록 조련한 조련사의 조련 비법은 무엇일까? 그것은 바로 위에서 설명한 바와 같이 '고래 반응'이라 불리는 범고래 훈련법인데 위 훈련법은 성공적인 인간관계를 위한 훈련법과 다르지 않다.

'고래 반응'은 무엇일까?

첫째, 범고래가 쇼를 멋지게 해냈을 때는 즉각적으로 칭찬하고, 두 번째, 실수를 했을 때는 질책하는 대신에 관심을 다른 방향으로 유도하며, 셋째, 중간중간에 계속해서 격려하는 것이 핵심이다.

누구나 인간관계에서 긍정적 관심과 칭찬 그리고 격려가 중요하다고 생각한다. 그러나 실제로 가정과 직장의 일상생활에서 다른 사람에 대해 긍정적 관심을 가지고 지속적으로 칭찬과 격려를 하는 사람은 드물다. 오히려 우리 삶은 타인에 대한 무관심과 부정적 반응으로 둘러싸여 있다.

잘 생각해 보면 우리 모두는 가정과 직장에서 다른 사람들이 일을 잘하고 있을 때는 무관심하다가 잘못된 일이 생겼을 때만 흥분하고 질책한다. 이 책에서는 그런 부정적 반응을 '뒤통수치기 반응'이라고 말한다. 사람들이 실수를 저지를 때 뒤통수를 치듯 반응한다는 의미이다. '뒤통수치기 반응'에 둘러싸인 환경에서는 결코 사람들이 최선을 다하지도 않고 열정을 바치지도 않는다.

사람들로 하여금 최선을 다하도록 만드는 방법은 무엇일까?

이 책의 저자들은 물리적 보상보다 칭찬과 긍정적인 것에 대한 강조가 중요하다고 말한다. 실제로 칭찬과 같은 격려를 통해 신바람이 나면 과학적으로 설명할 수 없는 에너지가 발생하고 생산성이 올라간다는 사실은 학계에서도 널리 인정되고 있는 부분이다.

남을 칭찬할 줄 아는 것은 칭찬하는 사람까지도 행복하게 되는 것이다. 칭찬이 도미노처럼 사람 사이에서 이루어진다면 그 사회 소속원들이 모두 행복해질 것이다. 섬처럼 서로에게 다가가지 않는 현대인들에게 꾸중하는 것이 습관이 된 부모들에게, 목표 달성을 위해서 서로 경쟁만 하는 모든 회사원들에게 한 사람의 변화는 미약하지만 언젠가 커다란 파도가 돼서 돌아올 것이다.

이제부터라도 우리 모두 칭찬의 인을 심어 보자.

2) 칭찬의 실제

(1) 포옹

포옹은 기분을 좋게 해 주고 외로움을 없애 주며, 두려움과 불안, 긴장감을 해소시켜 주고 마음의 문을 열어 주는 푸근함을 준다. 불면증도 없애 주고, 키 큰 사람에게는 굽히기 운동을, 키 작은 사람에게는 팔을 뻗치는 운동을 하게 하여 팔과 어깨 근육 운동까지도 시켜 주며, 노화 방지 효과도 있다. 내적인 스트레스나 공허함 때문에 마구 먹게 되어 비만이 생기게 되나 포옹을 하게 되면 정서적 충만감이 있어서 음식을 적게 먹어도 포만감을 느끼기 때문에 다이어트 효과도 있다.

물론 미용 효과도 있다. 또 항상 휴대가 가능하므로 편리하고 경제적이며 에너지 절약 효과도 있고 환경을 파괴할 위험도 전혀 없다.

포옹은 혈압을 급상승시키고 긴장감을 불러일으키는 분노의 감정도 맥 못 추게 만드는 효력이 있으며, 고독과 외로움을 달래 줄 수 있는 유일한 수단이며 탁월한 정신 치료제이다.

《리더스 다이제스트》에서 아이나 부부 간의 포옹을 임상치료적인 면에서 연구를 한 결과가 발표되었는데, 하루 네 번의 포옹은 '살아갈 만한 효력'이 되고, 여덟 번의 포옹은 '행복 유지의 효력'을 주며, 열두 번의 포옹은 '서로를 성장케 한다'고 했다. 그리고 심리치료 전문가인 버지니아 사타이어 박사는 '포옹'이란 "내가 너를 받아들인다"는 가장 구체적인 표현이라고 하였다. 이런 좋은 효력이 있는 포옹을 하지 않을 이유가 있겠는가?

(2) 칭찬

사람을 가장 기분 좋게 하는 것이 칭찬이다. 인간은 누구나 칭찬을 받고 싶어 한다. 칭찬을 받고 싶어 한다는 의미를 깊이 생각해 보면 우리 사회에서 칭찬받기가 쉽지 않다는 것을 알 수 있다. 그만큼 칭찬에 인색한 사회가 한국 사회인 것이다.

LG칼텍스가 직원 600명을 대상으로 사내 설문조사를 해 봤더니 칭찬을 했다는 사람은 많은데 칭찬을 받았다는 사람은 적은 묘한 현상이 나타났다. 1주일에 3~4회 이상 칭찬했다는 응답자는 32%로 나왔지만, 1주일에 3번 이상 칭찬받았다는 사람은 11%에 불과했다. 그리고 응답자의 절반 이상이 자신이 칭찬한 횟수가 '보통 이상'이라고 답변했지만 자신이 칭찬받은 횟수는 '보통 이하'로 답변했다. 칭찬을 더 많이 받고 싶은 심리적 현상이 반영된 것으로 보인다.

칭찬을 제대로 하지 못한 이유로는 '마음의 여유가 없어서'가 43%로 가장 많았고, '성격이 무뚝뚝해서'가 29%, 그리고 '윗사람을 칭찬하면 아부처럼 보일 것 같아서'가 8%로 나타났다. 스스로 칭찬을 못하는 핑곗거리를 가지고 있는 것이다. 대접을 받고자 하는 사람은 남을 먼저 잘 대접하라는 말이 있듯이 칭찬을 받고자 하는 사람은 먼저 남을 칭찬할 줄 알아야 한다.

3) 칭찬의 노하우

그렇다면 칭찬은 어떻게 해야 할까.

뻔히 아는 가족이나 동료를 눈앞에 두고 칭찬을 하자니 쑥스럽고 입이 잘 떨어지지 않는다. 때로 칭찬은 '무임 승차자'를 양산해 내기도 한다. 그래서 전문가들은 칭찬하는 방법이 따로 있다고 말한다.

자녀라면 아이가 공감할 수 있는 만큼만 칭찬해 주는 게 좋다. 모 대학 병원 소아정신과 교수는 "밥상을 차릴 때 숟가락을 놓아 주거나 동생을 잘 데리고 놀았을 때 등 명백한 상황에서 칭찬해 주는 게 좋다"고 말했다. 예를 들어 시험을 망쳐서 속상해하고 있는 자녀에게 "괜찮아"라고 한다면 자녀도 부모가 솔직하지 않다는 느낌을 받는다. 대신 "엄마가 이렇게 속상한데 너는 얼마나 속상하고 실망했겠니. 하지만 다시 기회가 있으니 포기하지 말고 잘해 보자"라고 하는 게 훨씬 효과적이다.

직장 동료를 칭찬하려면 칭찬받을 행동을 한 그 자리에서 진심을 담아 구체적으로 해야 한다. 다른 사람이 있을 때 공개적으로 칭찬하는 게 효과적이다. 늘 칭찬받는 부분이 아닌 스스로 인식하지 못하던 변화를 끄집어내 하는 칭찬이 효과가 크다.

자신을 칭찬하려면 하루에 하나씩 자신의 장점을 찾아 일기로 써 본다. 칭찬 잘하는 아내 양 모 씨는 "처음에는 대가를 바라고 칭찬하다 나중에는 칭찬받는 남편을 보는 내 스스로가 즐거워 칭찬하게 됐다"며 "칭찬도 사랑과 마찬가지로 자꾸 해야 느는 것 같다"고 말했다.

이제부터 기업에서 승진이나 보직 이동 시, 오랜만에 만나는 가족에게 진심을 담아, 또 승진에서 소외된 사람들에게 위로의 마음을 담아 칭찬을 전해 보자.

고래도 춤추게 한다는데 소외된 마음쯤이야 훨훨 털게 할 수 있지 않을까.

켄 블랜차드의 칭찬 10계명을 살펴보자.

제1계명: 칭찬할 일이 생기면 즉시 칭찬하라.

제2계명: 잘한 점을 구체적으로 칭찬하라.

제3계명: 가능한 한 공개적으로 칭찬하라.

제4계명: 결과보다는 과정을 칭찬하라.

제5계명: 사랑하는 사람을 대하듯 칭찬하라.

제6계명: 거짓 없이 진실한 마음으로 칭찬하라.

제7계명: 긍정적으로 생각을 바꾸면 칭찬할 일이 보인다.

제8계명: 일의 진척 사항이 여의치 않을 때 더욱 격려하라.

제9계명: 잘못한 일이 생기면 야단치기보다 관심을 다른 방향으로 유도하라.

제10계명: 가끔 스스로를 칭찬하라.

이외에도 위와 일맥상통하는 부분이 있는 심리학자들이 제시한 칭찬의 기술도 소개한다.

(1) 즉시 칭찬하라

칭찬거리가 있을 때는 미루지 말고 바로 그때 하라는 것이다. 칭찬은 모아서 하는 것이 아니라 즉시 해야 효과적이다.

(2) 구체적으로 칭찬하라

두루뭉술하게 칭찬하지 말고 영업 실적, 아이디어 제공, 헌신적 지원 등 구체적 행동을 찾아서 칭찬하는 것이 효과적이다.

(3) 공개적으로 칭찬하라

여러 사람이 있을 때는 아무 말이 없다가 나중에 혼자 있을 때 조용히 칭찬하면 칭찬 효과는 감소하게 된다. 가급적 많은 사람 앞에서 공개적으로 또 공식적으로 칭찬하라.

(4) 화끈하게 칭찬하라

이번에는 잘했지만 너무 자만하지 말라거나 옥의 티가 있었다거나 사족을 붙이지 말고 화끈하게 칭찬하는 것이 더 효과가 있다. 그래야 칭찬을 받는 사람의 감동도 높아진다.

(5) 보상과 함께 칭찬하라

말로만 칭찬하는 것도 좋지만 작은 선물이나 인센티브를 제공하면 더 큰 효과를 볼 수 있다.

칭찬을 자주 하면 대인관계가 좋아지고 업무 성과도 높아지게 된다. 그리고 무엇보다도 스트레스가 해소되고, 자기 자신도 칭찬을 더 많이 받을 수 있다. 칭찬의 기본이 우리 사회에 더 많이 확산된다면 더 아름다운 사회가 될 것이다.

달콤한 유머 | 예수는 사돈어른

경상도 할머니 셋이 얘기를 나누는데 한 할머니가 말했다.

"어이 예수가 죽었단다."

"와 죽었다 카드노?"

"못에 찔려 죽었다 안 카나."

"어이구 머리 풀어 헤치고 다니 살 때 내 알아봤다."

이때 아무 말 않던 할마이가 말했다.

"어이 예수가 누고?"

그러자 다른 할머니가 대답했다.

"몰라. 우리 며늘아기가 아부지 아부지 케사이…

사돈 어른인갑지, 뭐."

12

감사

감사는 삶을 바꾸는 가장 강력한 요소이다.

- 미 대학 연구팀 -

로버트 에먼스 캘리포니아 데이비스 대학교 심리학과 교수와 마이클 매컬로프 마이애미 대학교 심리학과 교수는 감사하는 태도가 사람에게 어떤 영향을 미치는가에 대해 흥미로운 실험을 했다.

이들은 실험 그룹을 세 그룹으로 나눈 뒤, 그들에게 세 가지 말과 행동에 집중하도록 했다. 첫째 그룹은 기분 나쁜 일, 둘째는 감사할 일, 셋째는 일상적인 말과 일에 집중하게 했다.

일주일간의 짧은 실험이었지만, 두 번째 그룹이 가장 행복해하는 것으로 나타났다. 그 뒤 두 교수는 감사할 일에 집중하는 사람들을 대상으로 1년간 심리 조사를 벌였다. 그 결과, 감사에 집중한 사람들은 대부분 삶을 바라보는 태도가 긍정적으로 바뀌었고, 스트레스는 적게 받고, 좌절도 적게 겪었으며, 어려움이 일어나더라도 쉽게 극복하는 것으로 나타났다.

바로 '감사의 힘'이다.

미국의 심층 뉴스 프로그램 진행자인 데보라 노빌은 그의 책 『감사의 에너지』에서 "감사합니다"라는 짧은 말이 사람들의 세계관을 바꿔놓고, 결국 엄청 시간과 에너지의 소비 없이도 자연스럽게 성공을 가져온다고 말한 것도 참고해 볼 일이다.

1) 지나온 일들에도 감사하자

저자는 가난한 농부의 12자녀 중 막내아들로 태어났다. 집안이 가난하다 보니 제대로 먹지 못하고 자라면서 자녀 중 반이나 되는 6명은 세상을 일찍 떠났고, 저자를 포함한 4남 2녀만이 장성하여 사회 각층에서 나름대로 자신의 일을 잘 감당해 가고 있다.

어린 시절 집안이 가난하였던 관계로 초등학교 때부터 신문 배달과 찹쌀떡 장사를 하면서 유년시절을 보냈고, 중학교 시절에는 돈이 없어 중학교를 진학할 수 없는 지경이 되었는데 마침 시골 중학교 교장 선생님께서 운영하시던 양계장에서 수천 마리의 닭들을 치는 조건으로 중학교 공부를 할 수 있는 길이 열렸다. 그것도 학비의 2배 정도를 벌어서 부모님께도 돈을 조금 드리면서 말이다. 그래서 저자는 수업 시간 몇 시간을 제외한 아침 시간과 점심시간 및 오후에 하교를 해서 밤늦게까지 닭장에서 일을 하면서 틈틈이 공부를 하였다.

그런데 닭장에서 일을 하다가 학교에 가서 공부를 하다 보니 자연히 저자의 신발에는 닭똥이 묻어 있었고, 그로 인해 저자의 몸에서 닭똥 냄새가 나자 친구들은 닭똥 냄새가 난다며 저자를 곁에 오지 못하게 하였다. 당시에는 어린 마음에 그런 친구들이 야속하고 창피하여 닭장에서 일하는 것이 한없이 부끄럽게 느껴졌지만 한편으로는 그래도 이 닭장에서 일을 할 수 있어서 그나마 중학교 공부를 계속할 수 있음에 감사했던 기억이 새롭다.

2) 주위를 둘러보면 감사할 일들이 많다

우리의 삶에 있어서 감사할 제목들을 찾으면 수도 없이 많음에도 감사의 제목을 찾기보다는 걸핏하면 불평하고 불만을 토로하기가 일쑤다. 우리 인생의 부모들도 자녀들을 키울 때 자녀들이 조그만 일에도 감사할 줄 모르고 매일같이 투덜거리면 아무리 귀여운 자식이라도 짜증나는 법. 감사는 마음먹기에 달렸고, 습관이라고 생각한다.

우리의 출생 때로 거슬러 올라가보자. 우리의 출생은 그야말로

기적 중의 기적이 아니던가. 이 세상의 어떤 경쟁률이 이보다 더 치열할 수 있단 말인가. 적게는 2억 5천만 분의 1의 경쟁률, 많게는 5억 분의 1의 경쟁을 뚫고 이 땅에 태어난 저자와 여러분이 아닌가. 이런 이유 하나만으로라도 감사할 수 있지 않은가?

3) 오늘 하루도 살아 있음에 감사하자

어디 그뿐이랴? 우리가 살아가면서 얼마나 많은 사고의 위험과 질병의 위험에 노출되어 있는가? 도로에만 나서면 쏜살같이 질주하는 자동차들 사이에서도 하루에도 수많은 사람들이 사고로 목숨을 잃기도 하고, 사고로 병원에 실려 가기도 하며, 원치 않게 장애인이 되기도 하고, 언제나 위험에 노출되어 있는 현실에서 오늘 하루도 별다른 사고 없이 건강한 모습으로 살아 있음에 감사하자. 아니, 조그만 사고를 당하더라도 더 큰 사고를 당하지 않았음에 오히려 감사해야 하지 않을까? 그리고 오늘은 어제 돌아가신 분이 그토록 살아 보고 싶어 하던 내일이다. 그러니 오늘 아침에 눈을 뜨고 숨을 쉬고 호흡이 연장되었음에 감사하며 살면 하루하루가 행복한 삶이 될 것이고, 그런 삶을 계속해서 살다 보면 사는 날 전체가 행복한 나날이 될 것이다.

신바람 건강 박사 황수관 박사가 강연 도중에 한 이야기가 생각이 난다. 오른쪽 팔이 하나 없는 장애인이 자신의 처지를 비관하며 이처럼 장애인으로 남은 평생을 살아가느니 차라리 죽어 버리자고 생각하고 자살을 하기 위해 옥상엘 올라갔단다. 그런데 자살을 하려고 막 준비를 하려는 순간 건너편 옥상에 양 팔이 하나도 없는 장애인 한 명이 옥상에서 만면에 웃음을 띠고 온몸을 흔들며 춤을 신나게 추고 있는 것이 아닌가?

자살을 하려고 하였던 팔이 하나 없는 장애인이 '나는 지금 팔이 하나 없어 자살을 하려고 하는데 양팔이 두 개 다 없는 장애인이 무엇이 저리 좋아서 만면에 웃음을 띠고 온몸을 흔들며 춤을 추고 있을까?' 하도 궁금하여 자살은 물어보고 난 뒤에 하기로 마음을 먹고 건너편에서 춤을 추고 있는 양팔이 하나도 없는 장애인에게 물어보았단다.

> "당신! 내가 보기엔 두 팔이 다 없는 장애인인데 무엇이 그리 즐거워서 만면에 웃음을 띠고 몸을 흔들며 춤을 추고 있습니까?"

그런데 건너편 옥상에서 들려온 대답에 한쪽 팔이 없는 장애인은 자살할 생각을 당장 그만두었단다. 양팔이 다 없는 장애인이 하는 말은 이랬다.

"여보슈, 지금 나는 항문이 가려워 죽겠는데 항문을 긁을 손이 없어 이렇게 온몸을 비틀고 있다오."

그랬다. 양팔이 다 없는 장애인은 자신의 항문이 가려워도 양팔이 없기 때문에 긁을 수가 없었던 관계로 하는 수 없이 옥상으로 올라와 고통스러워 얼굴을 찡그리고 온몸을 비비꼬며 가려움증을 조금이라도 해소해 보려고 안간힘을 썼던 것인데 이런 사정을 모르는 한쪽 팔이 없는 장애인은 그 모습이 마치 만면에 웃음을 띠고 즐거워서 온몸을 흔들며 춤을 추는 것 같이 보였던 것이었다.

그 순간 한쪽 팔이 없던 장애인은 자신의 한쪽 손을 항문으로 가져다가 항문을 긁어 보았다. 다행이었다. 자신은 항문이 가려울 때 긁을 수 있는 한쪽 팔이라도 있는 것이 얼마나 감사하게 생각되었는지. 그 후로는 어렵고 힘이 들 때마다 온몸을 꼬며 춤을 추던 그 장애인을 생각하며 한쪽 팔이라도 남아 있는 것이 얼마나 감사한지 날마다 감사하며 잘 살았다고 한다.

4) 감사하는 마음만 가지고 살자

그렇다. 우리가 감사할 제목을 찾는다면 끝이 없을 것이다. 이제 생각을 바꾸자. 불평, 불만거리를 찾을 것이 아니라 감사할 제목들을 찾아보자.

- 천문학적인 경쟁률을 뚫고 내가 이 세상에 태어난 사실에 감사.
- 지금도 살아서 숨 쉴 수 있음에 감사.
- 나를 이 세상에 태어날 수 있도록 해 주신 부모님 주심을 감사.
- 이 세상에 하나밖에 없는 사랑하는 배우자를 허락하여 주심에 감사.
- 눈에 넣어도 아프지 않을 사랑스러운 자녀들을 선물로 주심에 감사.
- 따스한 가정 주심에 감사.
- 직장 주심에 감사.
- 가족들 모두 건강함에 감사.
- 비록 사고가 났더라도 많이 다치지 않게 해 주심에 감사.
- 날마다 일용할 양식을 주심에 감사.
- 비록 내 명의로 등기된 집은 아닐지라도 눈과 비와 바람을 피할 수 있는 전셋집이나 월셋집이라도 주심에 감사.
- 비록 내 자녀가 수석은 하지 못한다 하더라도 씩씩하게 뛰어 놀며 건강하게 자라게 하여 주심에 감사.
- 오늘 하루도 무사히 집에 돌아와서 가족과 함께 저녁 식탁에 둘러 앉아 비록 진수성찬은 아닐지라도 행복한 저녁 식사를 대하게 하여 주심에 감사.
- 비록 넉넉한 살림은 아니라도 사랑하는 가족과 함께 단란한 시간을 보낼 수 있음에 감사.

5) 이제부터는 감사할 제목만 찾으며 살자

저자는 과거에 두 눈을 이틀 간격으로 백내장 수술을 한 적이 있었다. 평소 두 눈을 가지고 있을 때에는 느끼지 못하였는데 한쪽 눈을 수술한 후 안대를 하고 이틀을 생활하면서 두 눈을 온전히 볼 수 있다는 사실에 새삼 감사한 마음을 느끼게 되었다. 한쪽 눈에 안대를 하였더니 거리 측정이 되지 않아 운전도 할 수가 없었고, 물체도 제대로 확인할 수 없었을 뿐만 아니라 물체를 제대로 집을 수도 없었다. 비록 이틀 동안의 짧은 시간이었지만 얼마나 불편한 점이 많았는지 모른다. 아무런 이상 없이 건강한 두 눈을 가지고 아름다운 이 세상을 마음껏 볼 수 있다는 사실에 항상 감사하며 살아야 되겠다는 생각을 뼈저리게 느낀 귀중한 기회였다.

이렇게 감사할 제목을 찾는다면 얼마나 많을까. 아마 이 책을 전부 감사할 제목을 기재하는 것으로도 모자랄 것이다. 범사(모든 일)에 감사할 제목을 찾아 보라. 이렇게 많은 감사할 제목들이 있는데 불평하고 불만만 터뜨리며 살겠는가? 불평할 마음과 불만의 마음이 생길 때마다 감사한 제목들을 일일이 적어 보라. 불평하는 마음과 불만의 마음이 먼지가 바람에 날려 흔적도 없이 사라져 버리는 것처럼 곧 사라져 버리고 감사하는 마음이 생겨날 것이다.

삼중고의 고통 속에서도 기적과 감동의 삶을 살았던 헬렌 켈러를 기억하는가. 그녀는 사람들이 많은 것을 갖고도 감사하지 못하며 불평하는 모습을 보면서 이런 이야기를 했다고 한다. “나는 이 땅에 살고 있는 모든 사람들에게 할 수만 있다면, 이런 사흘을 주었으면 좋겠다. 하루는 나처럼 아무것도 볼 수 없는 시각장애자로 살고, 또 하루는 아무것도 듣지 못하는 청각장애자로 살고, 또 하루는 아무것도 말하지 못하는 벙어리로 살게 한다면 사람들은 감사의 의미를 알 것이다”라고 말이다.

헬렌 켈러는 자신의 자서전 『The Story of My Life』에서 “내가 단 한 번만이라도 저 무지개를 볼 수 있다면, 내가 단 한 번만이라도 저 떨어지는 낙엽의 아름다움을 목격할 수 있다면, 내가 단 한 번만이라도 이 산속에 흐르는 시냇물을 바라볼 수 있다면, 나에게 이 아름다운 가르침과 자상한 친절을 베푸시는 설리번 선생님의 그 아름다운 미소를 단 한 번만이라도 내 눈으로 볼 수 있다면, 내가 단 한 번만이라도 아름다운 음을 발하는 저 오케스트라와 저 악기를 연주하는 사람들을 내 눈으로 볼 수 있다면, 나에게 이 귀한 설교의 감동을 주었던 필립 브룩스 목사님의 그 얼굴을 단 한 번만이라도 볼 수 있다면, 그 메시지를 통해 내 삶을 바꾸었던 감동스러운 이 성경을 내가 단 한 번만이라도 내 눈으로 바라볼 수 있다면, 지는 석양을 단 한 번만이라도 내 눈으로 바라볼 수 있다면…"이라고 고백하였다.

사람에게 처한 환경은 말 그대로 환경일 뿐이다. 환경이 그 사람의 모든 것을 결정하지는 않는다. 때로는 너무 좋은 환경이 그 사람을 망치기도 하고, 너무 힘든 환경이 그 사람을 오히려 크게 만드는 귀한 약이 되기도 한다. 중요한 것은 그 환경을 바라보는 감사하는 눈이다. 감사의 눈으로 보면 이 세상은 통 감사할 제목뿐이다.

모든 일에 감사하면서 감사의 눈으로 이 세상을 보면 감사할 제목들이 날마다 더 많아질 것이다. 감사하면서 살아도 짧은 인생인데 불평, 불만하며 인생을 산다면 얼마나 억울하겠는가? 지금부터라도 생각을 바꾸자! 이제부터는 모든 일에 감사하며 살아가기를 다짐하자! 날마다 감사하며 행복한 삶을 누려야 하지 않겠는가?

달콤한 유머 | 강원도 우추리 이장님의 방송

우추리 주민 여러분들인데 알코 디레요. 클나싸요, 클나싸요, 운제 맹금 박씨네 집에 도사견 쪼이 노끄느 살살 매나가주 지절로 풀래 내떼 가지구 신장로르 치띠구 내리띠구 고니지~라 발~과 하민서 해꼬지를 하구 돌아댕기구 있써요.

그래니 할머이들이나 하라버이드른 언나나 해던나들으 데리고 얼푼 댄이나 정나로 대피해주시고, 동네 장제이드른 뭐르 쎄레댈 꺼르 이누무 꺼 잡으야 되니 반도나 먼 그무리나 이른 걸 하나씨 해들고는 어풀 마을회관으로 마커 모예주시기 바랍니다. 그래고 야가 심년 마네 풀레나 가지구 조어서 세빠다그 질게 내물구 추무 질질 흘리민서 도러댕기는데 왜서 해필 질깐에는 씨래기 봉다리를 크다마한 아가빠리에 조 물고는 대가빠리를 쪼 흔드니 뭐이나 그 씨래기 봉다리아네이뜬 짠지, 먹다 남은 쉔밥, 구영뚤펜 양발, 아 언나 지저구, 하이튼 머 길까에 매련도 없써요. 개락이래요. 그래 얼푸 일루좀 치워야 되잖소, 그래니 마커 얼른 저 머이나 마을회관으로 나와주시기 바랍니다. 그래구 지금 정나에 대피하고 계시는 분들은 쿤내가 좀 나드래도, 이누무 도사견이 그끄지 드러다닐찌 모르니, 하튼간에 도, 에 판자때기 그, 소깨이 구녀이 뚤펜 글루 바끄루 좀 이래 내더보고 이기 왔나 않왔나르 좀 이래 보고, 좀 나와주시기 바랍니다. 방소으 마치겠습니다.

얼푼 마커 마을회관으로 좀 나와주시드래요.

13
행복

우리는 행복하기 때문에 웃는 것이 아니고 웃기 때문에 행복하다.

- 윌리엄 제임스 -

1) 행복은 주변의 사소한 것에 있다

저녁에 아빠가 퇴근하여 한 손엔 자녀들이 좋아하는 과자를 한 보따리 들고, 다른 한 손엔 서류 가방을 든 채 얼굴엔 웃음이 가득한 모습을 하고 현관문을 들어선다. 신발도 채 벗지 않은 채 "여보! 나 왔어. 진수야! 지혜야! 아빠 왔다"며 사랑이 가득한 목소리로 아내와 자녀들의 이름을 일일이 부른다. 주방에서 앞치마를 두르고 남편과 자녀들이 함께 먹을 맛있는 된장찌개를 보글보글 끓이고 있던 아내와 책상에서 공부하고 있던 자녀들도 얼굴에 웃음이 가득한 채 하얀 이를 드러내고 활짝 웃으며 우르르 아빠에게 달려든다.

"여보~오!", "아빠~아" 하면서 네 식구가 부둥켜안고 빙글빙글 돌며 50년 만에 만난 이산가족 상봉 현장처럼 난리 법석을 떨고는 서로의 볼을 비비고, 서로를 껴안고 서로 "보고 싶었다" 서로 "사랑한다"고 고백한다. 선물을 하나씩 들고 기분이 최고로 좋아진 자녀들과 서로 사랑이 가득 찬 눈동자를 주고받는 부부가 한 상에 둘러 앉아 도란도란 이야기꽃을 피우며 오늘 하루 있었던 일들을 주고받으며 맛있게 저녁 식사를 하는 가정을 상상해 보라. 가슴이 따뜻해지고 행복해지지 않는가?

이것이 바로 행복이고, 이곳이 진정 천국이 아니겠는가? 과연 이 세상에서 이보다 더 아름답고 행복한 풍경이 어디에 있겠는가? 생각만 해도 기분이 좋아지고 마음이 흐뭇해진다. 언제나 싱글벙글 웃는 아빠, 항상 집 안팎에서 생글생글 웃음을 띠고 있는 엄마, 무엇을 하든지 방글방글 웃고 있는 자녀들. 이런 가정에 복이 들어오지 않고 어떤 가정에 복이 들어오겠는가?

2) 행복은 누가 주는 것이 아니라 내가 만들어 가는 것이다

행복은 어느 누가 주는 것이 아니다. 행복은 내가 만들어 가는 것이다. 같은 환경 속에서도 어떤 사람은 행복하다고 느끼고, 어떤 사람은 불행하다고 느끼는 것이다. 그렇다. 행복은 객관적인 것이 아니고 주관적인 것이기 때문에 어떤 환경에 처하든 그 환경이 행복하다고 생각하면 행복해지는 것이다.

같은 짜장면을 먹는다고 가정해 보자. 어떤 사람은 호텔에서 값비싼 요리를 먹지 못하고 짜장면을 먹고 있는 자신의 처지가 처량하다고 생각한다. 그렇게 생각하니 한없이 자신이 비참하게 느껴지고 고급 요리를 먹지 못하는 자신이 불행하다고 느낄 수도 있을 것이다. 그러나 배가 고파 허기졌던 사람은 짜장면 한 그릇을 먹으면서도 배가 많이 고팠는데 이 짜장면이라도 먹을 수 있어서 얼마나 감사한지 모르겠다며 맛있게 먹을 수도 있다. 그렇다면 그것이 행복이 아니고 무엇이겠는가.

그렇다. 행복은 누가 주는 것이 아니다. 오로지 행복은 자신이 만들어 가는 것이고, 자신의 행복하다고 생각해야 행복해지는 것이다. 그러니 이제부터라도 자신이 행복을 만들어 가도록 노력해 보자.

모든 것이 마음먹기에 달렸다. 내가 행복하다고 생각하면 행복한 것이다. 이 책을 읽는 모든 독자들이 지금부터라도 다 행복하다고 생각해서 다 행복해졌으면 좋겠다. 당신은 행복하게 살기 위해 태어난 사람이다. 당연히 행복하게 살 의무가 있고, 행복하게 살아갈 권리도 있다.

3) 비교하는 마음에는 행복이 없다

결혼한 지 20년, 천신만고 끝에 20평짜리 아파트를 그것도 대출을 끼고 어렵게 구입한 가장이 있었다. 고등학교 동창 녀석의 집들이를 가기 전까지는 꿈속을 거니는 것 같은 행복한 날들의 연속이었고, 이제야 내 집을 장만했다는 행복함에 날마다 콧노래가 나왔고, 살아가는 하루하루가 즐거운 나날이었다. 그런데 어느 날 친한 고등학교 동창 녀석이 집들이를 한다고 초청해서 동창 녀석의 집을 방문하게 되었다. 동창 녀석의 집은 겉으로 봐도 엄청 고급스러워 보이는 외관을 하고 있었고, 집에 들어가 보니 더 넓어 보였고 자신의 20평짜리 집에 비하면 그야말로 대궐같이 커 보였다.

이에 더해 동창 녀석은 초대한 친구들에게 자랑스레 자신은 돈을 잘 벌어 40평짜리 아파트를 그것도 대출도 없이 구입했다는 말을 했다. 그 사람은 어제까지만 해도 자신이 구입한 20평짜리 아파트로 인해 더없이 행복했었는데 동창 녀석의 큰 아파트를 보고 나서부터는 자신의 아파트가 좁아 보이고 자신이 초라해 보여 행복한 마음이 사라져 버렸던 것이다.

직장 생활을 열심히 하여 꿈에도 그리던 소형차를 36개월 할부로 겨우 구입하여 행복한 한 사람이 있었다. 평소에는 늦잠을 자며 아내의 잔소리에 겨우 눈을 비비고 일어나던 사람이 차를 사고부터는 아침마다 일찍 일어나 세차를 한 후 즐겁고 행복한 마음으로 소형차를 타고 다녔다. 그것도 주차할 때도 어디 받히지나 않을까 조심하면서 말이다. 그런데 며칠 후 바로 옆집 사람이 고급 외제 승용차를 구입하여 자신의 차 옆에 떡하니 주차를 해 놓은 것이 아닌가. 그다음 날 아침부터는 옆집 사람도 자신과 비슷한 시간에 일어나 자신과 나란히 그의 고급스러운 외제차를 닦고 있지 않은가. 이에 더해 옆집 사람은 그 사람에게 자신의 외제 승용차를 구경시켜 주면서 '운전석에도 좀 앉아 봐라', '차 시트가 정말 고급스럽지 않느냐', '승차감도 정말 죽인다'고 하면서 이 차의 가격은 얼만데 그 돈을 할부로 하지 않고 전액 현금을 주고 샀노라고 자랑을 하였다. 역시 그 사람도 옆집 사람이 구입한 고급 외제 승용차를 타 보니 자신이 구입한 소형차와는 비교가 되지 않았다. 그날 이후부터 소형차를 구입한 그 사람은 자신의 소형차와 나란히 주차되어 있는 고급 외제 승용차를 볼 때마다 자신이 한없이 초라해지고 불쌍해 보인다는 생각이 들게 되어 다음 날부터는 아침에 일어나도 차를 닦지 않았고, 날마다 자신의 소형차를 볼 때마다 마음이 상했으며 행복한 마음이 사라져 버렸다.

이런 경우 외에도 이와 비슷한 일은 수도 없이 많으리라. 왜 비교하는가. 다른 사람이야 40평짜리 아파트에 살든 말든, 다른 사람들은 고급 외제 승용차를 타고 다니든 말든 나하고 무슨 상관이란 말인가. 내가 가진 것에 만족하고, 내 것이 최고 좋은 것이라는 생각으로 살아가면 될 것을. 이젠 제발 다른 사람과 절대로 비교하지 말자. 다른 사람의 주머니에 억만금이 있으면 뭐하는가. 내 주머니에 있는 천 원짜리 한 장이 정말 가치 있는 것이다.

다른 사람과 비교하지 않았을 때는 행복했지 않았는가. 비교하는 마음에는 행복이 머무르지 않는다. 비교하지 말자. 내가 가지고 있는 것에 만족하고 그것으로 행복하게 살자. 예로부터 내려오는 말도 있지 않는가. 세상을 살 때는 위만 보고 살지 말고 아래를 보고 살아야 행복하다고. 즉, 세상살이는 나보다 나은 사람을 보고 살면 자신이 부족해 보이고 모자라 보여 살맛이 안 나지만, 나보다도 못한 사람을 보고 살면 자신이 부유해 보이고 넉넉해 보여 살맛이 난다는 이치다. 참으로 현명한 말씀들이 아닐 수 없다. 옛 어른들의 말씀이 참으로 진리라는 생각이 든다.

부자는 맨션에서, 빈자는 맨손으로, 부자는 헬스 가고, 빈자는 핼쑥하고, 부자는 사우나에, 빈자는 사우디로, 그저 글자 한 자 차이일 뿐이다.

행복과 불행은 누가 가져다주는 것이 아니라 자신들이 만들어 가는 것이 아닐까?

4) 황금의 문

사랑은 공포를 몰아낸다. 사랑은 온갖 죄를 덮어 준다. 사랑은 그 누구에게도 지지 않는다. 충분한 사랑이 정복할 수 없는 어려움이란 없다. 충분한 사랑이 이겨낼 수 없는 질병은 없고, 충분한 사랑이 열 수 없는 문은 없고, 충분한 사랑이 건널 수 없는 바다는 없고, 충분한 사랑이 무너뜨릴 수 없는 벽은 없고, 충분한 사랑이 구제할 수 없는 죄는 없다.

문제가 아무리 깊이 자리 잡고 있더라도, 아무리 미래가 어둡더라도, 아무리 심하게 얽혀 있고, 아무리 실수가 크더라도, 충분한 사랑은 그것 모두를 녹여 버린다.

우리가 충분한 사랑을 할 수만 있다면 우리는 이 세상에서 가장 행복하고 가장 강력한 힘을 가진 사람이 될 것이다.

인생의 수많은 물음과 의미와 목적들은 모두 사랑으로써 그 답을 찾을 수 있다. 사랑은 시작이자 끝이다. 삶을 사랑으로 가득 채우자. 그것이 바로 우리가 추구하는 진정한 행복의 열쇠다.

행복은 상대적이며 주관적이다. 우리는 우리의 삶을 부유하고 행복하게 만들 수 있는 모든 것을 이미 손안에 가지고 있다. 지금 내가 바라보고 있는 현실을 어떤 자세로 대하느냐가 나의 행복을 결정짓는다. '지금' 그리고 '여기'서 행복을 누릴 수 있어야 한다.

행복한 사람은 '미래'를 위해 살지 않는다. '지금'이 바로 행복의 순간이다. '여기'가 바로 행복의 장소다. '지금 여기'는 우리의 일상생활을 의미한다. 매일매일 경험하는 평범한 것, 일상적인 것들이 행복의 계기다. 평범한 일상에 성스러움이 깃들어 있고 찬란한 의미가 배어 있다. 걸레질을 하는 그 순간, 설거지를 하는 그 순간, 빨래를 하는 그 순간이 당신을 위한 행복의 순간이다. 그것을 지겹게 생각하고 대충 끝내고 다른 즐거움을 좇겠다고 하면 그 즐거움은 파랑새처럼 영원히 붙잡을 수 없다.

잊지 말자. 당신의 '오늘'은 당신이 살아온 과거의 총결산이며 당신이 맞이할 미래의 담보다. 당신이 오늘 하루를 어떻게 사느냐가 당신의 과거와 미래를 죽일 수도 있고 살릴 수도 있다.

가장 진한 행복을 건져라. 그것이 진정한 의미에서의 성공이라면, 그리고 그것이 참 행복이라면, 성공과 행복은 동의어이다. 이를 단적으로 보여 주는 것이 미국의 사상가이자 시인인 에머슨의 「무엇이 진정한 성공인가」라는 시이다.

무엇이 성공인가?

자주 그리고 많이 웃는 것
현명한 이에게 존경을 받고 아이들에게서 사랑을 받는 것
정직한 비평가의 찬사를 듣고 친구의 배반을 참아내는 것
아름다움을 식별할 줄 알며 다른 사람에게서 최선의 것을 발견하는 것
건강한 아이를 낳든 한 뙈기의 정원을 가꾸든 사회 환경을 개선하든 자기가 태어나기 전보다 세상을 조금이라도 살기 좋은 곳으로 만들어 놓고 떠나는 것
자신이 한때 이곳에 살았음으로 해서 단 한사람의 인생이라도 행복해지는 것
이것이 진정한 성공이다

이 세상에서 가장 향기로운 향수는 발칸 산맥의 장미에서 나온다고 한다. 그 가운데 가장 춥고 어두운 자정에서 새벽 2시 사이에 딴 장미에서 최고급 향수가 생산된다. 그 이유는 장미가 그러한 한밤중에 가장 향기로운 향을 뿜어내기 때문이다.

오늘 인생의 겨울을 지내고 있는 이가 있다면, 지금 이 순간 어둠의 터널을 지나고 있는 이가 있다면, 거기서 행복을 건져 올릴 때 그것이야말로 발칸 산맥의 장미처럼 가장 향기로운 행복이 될 수 있다는 희망을 갖자. 고통 가운데 영근 행복이 가장 진한 행복임을 잊지 말자.

달콤한 유머 | **똥차**

성질이 급하고 불평불만이 많은 사나이가 마을버스를 탔다. 그런데 마을버스는 떠나지 않고 계속 서 있는 것이었다.

"왜 안 떠나는 거야?"

참다못한 그 사나이는 운전기사를 향해 크게 소리를 질렀다.

"이봐요, 이 똥차 언제 떠나요?"

그 말을 들은 운전기사는 눈을 지그시 감은 채 나직한 음성으로 입을 열었다.

"똥이 다 차면 떠납니다."

14
자성 예언

웃음이 없는 철학은 철학이 아니다.

- 니체 -

우리가 주위에서 흔히 듣는 말 가운데 "말이 씨가 된다"는 소리를 듣는다. 씨앗이란 무엇인가? 씨앗이란 온도와 습도, 햇빛이 적당하면 발아된다. 즉, 싹이 트고 자라기 시작하는 것이다. 그래서 말이 씨가 된다는 것이다. 즉, 좋은 말(긍정적인 말)을 자꾸 하면 결정적인 순간에 좋은 일이 싹트고 나쁜 말(부정적인 말)을 자꾸 하면 언젠가는 부정적인 좋지 않은 일이 싹터 일어나게 되는 것이다.

그래서 자성 예언이 필요하다. 자성 예언이란 자기를 성공적으로 이끌 수 있도록 하는 예언을 말한다. 다른 말로는 주도적인 말이라 하고 반대로 대응적인 말이라고 한다. 주도적인 말은 자신을 신뢰하고 사랑하는 데서 나오고 대응적인 말은 스스로 불평하고 원망하는 데서 나온다. 주도적인 자성 예언을 하는 사람은 성공적인 행복한 삶을 살게 되고 대응적인 사람의 인생은 실패하게 될 것이다.

영국의 심리학자 필드 박사에 의하면 우리가 자기 자신에게 "넌, 대단히 필요한 사람이야", "넌 뭐든지 할 수 있어!"라고 자신감을 줄 때 우리는 실제 가진 능력의 500%를 발휘할 수 있다고 한다. 그 반대로 "넌 이제 끝났어. 넌 이제 아무것도 해내지 못할 거야"라고 자괴감을 줄 때 우리는 실제로 가진 능력의 30%밖에 발휘하지 못한다고 한다. 이 얼마나 엄청난 차인가.

이것은 우리들의 마음이 우리들의 인생을 좌지우지하고 있다는 분명한 과학적 입증이다. 자신감을 갖고 자성 예언을 하자. 그리고 더 나아가 이루고자 하는 말을 글로 써서 붙여 놓자. 그러면 내가 가진 실제 능력보다 무려 500%나 더 풀가동하며 산다. 보통 사람들은 죽을 때까지 자신이 가진 능력을 모르고 실제 5% 정도의 능력만 사용하다가 이 세상을 떠난다고 하지 않는가?

자! 우리 모두 주도적인 자성 예언으로 행복한 운이 스스로 찾아오게 만들자.

1) 주도적인 말(긍정적인 말: 좋은 말)

- 나는 할 수 있다!

- 나는 틀림없이 해 낼 수 있다!
- 참으로 멋진 세상이야!
- 조금 힘들어도 참을 만해.
- 나는 나를 사랑해.
- 나는 잘될 거야.
- 나는 내가 좋다.
- 나는 내가 참 좋다.
- 나는 내가 아무 조건 없이 좋다.
- 나는 위대한 인물이 될 거야.
- 나는 최고가 될 거야.

2) 대응적인 말(부정적인 말: 나쁜 말)

- 나는 할 수 없어
- 야, 세상 살기 힘들다.
- 화가 나서 미치겠다.
- 난 원래 그래
- 바빠서 죽겠다.
- 힘들어 죽겠다.
- 아! 이제는 끝장이다.

3) 상대방을 사로잡는 말하기 법칙

- 짧게 말하고 길게 들어라.
- 칭찬으로 시작해서 칭찬으로 끝내라.
- 얼굴에는 미소를 잃지 않는다.
- 잘못은 언제나 자신에게서 찾아라.
- 쓸데없는 말은 하지 말아라.
- 재미있고 즐거운 사람이란 인상을 남겨라.
- 상대에 관한 정보를 잘 기억한다.
- 공격이 필요할 땐 펀(Fun) 화술을 활용하라.
- 한두 마디라도 상대방을 웃게 만들어라.
- 항상 긍정적인 맞장구를 쳐 준다.

4) 플러스 이미지 만들기 7원칙

- 나에게 맞는 이미지를 찾자.
- 남의 이미지를 모방하지 말라.
- 상황에 따라 이미지를 바꾼다.
- 장기적인 비전을 보고 이미지를 관리하라.
- 용모는 이미지와 직결된다.

- 이미지는 곧 나의 인격임을 명심하라.
- 첫인상과 끝인상을 좋게 남겨라.

5) 자칫 잘못하면 만만하게 보일 수 있는 대화 습관

- 다른 사람의 생각을 비판 없이 받아들인다.
- 쉽게 감동한다.
- 착한 사람이 되고 싶어 한다.
- 지나치게 친절하다.
- 현상을 정확히 파악하지 못한다.
- 시야가 좁다.
- 전체적인 것을 보지 못하고 단편적으로만 사고한다.
- 이상론만을 말한다.
- 스포츠 신문에서 얻은 지식을 자신의 의견인 양 말한다.

6) 이성에게 외면당하는 어리석은 대화 습관

- 끝날 일을 계속 문제 삼는다.
- 무엇이든지 의심하고 억측한다.
- 감정에 휘둘린다.
- 우유부단해서 자기 의견을 말하지 못한다.
- 자기 말만 한다.
- 상대가 관심 없는 말을 늘어놓는다.
- 낮은 수준으로 해석한다.
- 어떻게 해서든 눈에 띄려고 한다.

7) 인간관계를 악화시키는 대화 습관

- 자기 자랑만 늘어놓는다.
- 허세를 부린다.
- 다른 사람의 말에 귀 기울이지 않는다.
- 아부만 하고 자기 의견을 말하지 않는다.
- 감정의 기복이 심하다.
- 정론만 내세운다.
- 흔한 말만 한다.

- 투덜거리기만 해서 무엇을 말하려는 것인지 알 수 없다.
- 어떤 화제든 늘 똑같은 이야기로 끌고 간다.
- 차별 의식을 말로 표현한다.

8) 업무 능력 평가에 지장을 주는 대화 습관

- 도덕적인 설교만 늘어놓는다.
- 남의 권위를 내세워 잘난 척한다.
- 자기 권위를 세우려고 한다.
- 자신의 가치관만으로 모든 것을 판단한다.
- 근거를 말하지 않고 결론 짓는다.
- 트집만 잡는다.
- 단순한 몇 가지 정보로 섣불리 결론짓는다.
- 구체적인 예를 말하지 않고 추상적이고 어려운 말을 사용한다.
- 궤변으로 자기 의견을 주장한다.
- 모순을 깨닫지 못한다.
- 난해한 말로 연막을 피운다.
- 아는 척한다.

달콤한 유머 | 전 좀 쎈디유…

처음으로 비행기를 타는 시골 부부가 있었다. 공항에서 수속 절차를 밟는 부부…. 이름과 나이를 묻는 란에 다 채우고는 성별을 묻는 sex 란에 다다르자… 30대 초반의 부인은 얼굴이 빨개지면서… '일주일에 세 번'이라고 썼다. 옆에 있던 남편은 더 쑥스러워하면서… 헛기침을 한 번 하더니 이렇게 썼다.

'전 좀 쎈디유…'

15

플라세보 효과

웃음은 어두운 삶을 비춰 주는 빛이다.

- 미국의 웃음 전도사 라로쉬 -

1) 위약 효과(僞藥效果: Placebo Effect)

프랑스의 약사 에밀 쿠에는 지난 1950년 플라세보 이펙트(Placebo Effect, 위약 효과, 僞藥效果)를 발견했다. 어느 날 쿠에가 잘 아는 사람이 늦은 시간에 의사의 처방전 없이 찾아왔다. 몹시 아파 죽을 지경이니 약을 지어 달라고 했다. 쿠에는 처음에 당연히 거절했다.

그러나 그 사람은 지금 당장 아파 죽겠는데, 내일까지 어떻게 기다리느냐고 하소연했다. 쿠에는 할 수 없이 거짓말을 했다. 통증과는 실제로 아무 상관도 없고, 인체에 아무런 해도 끼치지 않는 알약을 지어 준 것이다. “우선 이 약을 좀 먹으면 많이 좋아질 것입니다. 그리고 내일 병원에 가 보세요” 하고 돌려보냈다.

며칠 후 쿠에가 그 사람을 만났다. 그 사람은 “다음 날 병원 갈 필요도 없이, 그 약 먹고 말끔히 나았지요”라고 했다. 약사와 약에 대한 믿음, 그리고 그렇다면 낫겠구나 하는 정신적 확신으로 인하여 그 병이 나았던 것이다.

쿠에는 이 우연한 발견을 정신 영역에도 적용할 수 있도록 간단한 공식 하나를 개발했다. 그것은 몇 개의 간단한 단어로 만들어진 공식이다. '나는 내가 좋다. 날마다 나는 점점 더 나아지고 있다. 오늘이 일생을 통해서 가장 좋은 날이다'라는 것이다. '일일신우일신(日日新又日新, 날마다 새롭고 또 새로워지는 삶)'과 같은 말이다.

쿠에는 이 공식을 하루에 스무 번씩 큰 소리로 외치라고 말한다. 쿠에 공식의 핵심은 자기 암시를 통한 자기 확신이다. 시합을 앞둔 운동선수들에게 "나는 이길 것이다"라는 말을 1,000번 되풀이시키니까 우승 확률이 상당히 높아졌다는 연구 결과도 나왔다.

자기 암시의 황금률은 반복이다. 쿠에 공식의 최고 효과를 얻으려면 매일 열심히 반복해야 한다. 가장 좋은 시간은 묵상 기도 시간, 잠들기 직전, 혹은 잠자리에서 일어난 직후가 가장 좋다.

(1) 말이 씨가 된다

불길하거나 좋지 않은 뜻을 담은 말을 했을 때, 일이 그 말대로 실현될 수도 있으니 함부로 그런 말을 하지 말라는 뜻이다.

우리는 어떤 말을 내뱉고 살고 있는가. 부정의 말이 많은가, 긍정의 말이 많은가.

에너지 중에 큰 부분을 차지하는 것이 말과 행동이다. 말은 에너지의 발산이다. 어떤 곳으로 투여된 에너지는 또 다른 에너지를 발생시킨다. 따라서 지금하고 있는 말이 다른 곳으로 에너지를 투입하거나 이동시킨다고 생각해야 한다.

'아' 다르고 '어' 다르다. 같은 말인데도 느낌은 전혀 다른 경우가 많다. 우리는 대부분 은행에 돈을 맡긴다고 이야기한다. 그러나 우리는 예금이나 적금을 통해 은행에다 대출을 해 주고 있다고 말할 수 있다. 은행은 나의 채무자가 되어 버리는 셈이다.

말은 쏟아 내는 것이 아니다. 어떠한 대상에다 에너지를 투여하거나 혹은 투자하는 것이다. 에너지를 어디에 투입한다고 생각해 보자. 말 한마디 한마디에 신중할 수밖에 없다.

'말 속에 씨가 있다'고 한다. '씨'는 무엇인가. 씨가 자라서 싹이 되고, 싹이 자라서 나무가 되고 열매를 맺고, 열매가 떨어져 또 다른 씨를 만든다. 말은 이처럼 '전진하면서 적극적인 순환 고리'를 가진다.

뿌린 대로 거둔다. 부정의 말씨를 뿌리면 부정의 열매를 맺게 된다. 반면 긍정의 씨를 뿌리면 긍정의 열매를 맺게 된다.

말 속에 씨가 있고, 뼈가 있다. 말은 뿌린 대로 거두어들이는 씨앗이다. 그래서 씨앗부터 정성스럽게 심어야 한다.

'말'을 늘려서 발음하면 '마알'이 된다. 이를 풀이하면 '마음의 알갱이'란 뜻이 된다. 말은 마음의 알갱이에서 나온다. 말이란 마음을 쓰는 것이다. 말을 곱게 쓰는 사람은 마음을 곱게 쓰는 사람이다.

그러나 말을 험하게 쓰는 사람은 마음을 험하게 쓰는 사람이다.

말에는 세상을 창조할 수 있는 마음의 힘이 들어 있다. 그래서 옛 속담에 '말 한마디로 천 냥 빚을 갚는다'거나 '말이 씨가 된다'고 하는 것이다.

상대방의 말을 경청하지 못하고 나의 말을 더 많이 하면서 살 때도 많다. 말이 마음의 알갱이에서 나온다면 내 마음의 여유도 나의 말에서 시작된다는 생각을 가져야 한다. 상대방의 말을 잘 들어주는 것도 곧 상대방을 배려하는 마음이다. 당신 안에 모든 답이 있다.

(2) 말 속에 기운이 있다

이 세상은 말로 이루어졌다. 말 속에는 많은 것이 포함되어 있다. 말 속에는 그 사람의 본질이 나타난다. 자신이 바라는 것이 이루어지도록 말로써 뜻을 전한다. 천 냥 빚도 말 한마디로 갚을 수 있고 원한도 풀 수가 있다. 한마디의 선고로 사형을 당하기도 한다. 가슴에 맺힌 것을 몇 마디 말로 풀기도 한다.

말은 신의 위력이 있고 진리의 힘이 있다. 말은 칼과 같아서 잘 쓸 때와 잘못 쓸 때 큰 차이를 나타낸다.

말에는 신비의 힘이 있다. 말은 마음을 가라앉게 하고, 마음을 들뜨게 하기도 한다. 한마디의 말에 생기가 돌기도 하고 기가 죽기도 한다. 성경도 하나님이 말씀으로 이 세상을 창조했다고 말한다.

몸과 마음의 상태에 따라 격렬한 소리, 부드러운 소리, 괴로운 소리, 밝은 소리, 한숨 쉬는 소리, 흐느끼는 소리, 빠른 소리, 느린 소리, 높은 소리, 낮은 소리 등 수많은 소리가 나온다.

만트라(Mantra) 요가는 특정한 소리를 반복하여 찬송함으로써 그 소리가 갖고 있는 힘을 몸과 마음속에 얻게 한다. 밖으로도 힘을 발휘하는 주문 요가이다.

소리를 이용하여 심신을 성화(聖化)시키는 것이다.

즐겨 부르는 노래, 불경의 독경, 교회의 찬송가, 반복적인 호소의 말, 기도의 말 등 모두가 말대로 될 수 있는 힘이 있다. 마음과 몸속에서 깊은 변화를 일으키는 것이다.

사람의 건강 정도를 알 수 있는 것은 그 사람의 목소리와 운동 능력, 그리고 체력이다. 사람이 아프게 되면 신음을 하게 된다. 놀라거나 흥분되었을 때나 정신적인 쇼크가 왔을 때에는 자신도 모르게 소리를 지르게 된다.

생활 속에서 말의 반복은 신체와 정신의 건강 상태에 커다란 역할을 한다. 불교에서 법명을 지어 주거나 성당이나 교회에서 세례명을 지어 주는 것도 새로운 에너지를 통해 새사람으로 거듭 태어나라는 깊은 뜻이 숨어 있다.

성스러운 소리를 듣거나 스스로 그 소리를 반복해서 내면 우리 자신도 그 소리의 힘에 의해 마음도 고상해지고 성스러워진다.

모든 종교 의식에서는 소리의 힘을 이용한 종소리, 북소리, 요령

소리, 목탁 소리, 노래(찬송가, 찬불가 등), 강의, 설교, 법문, 기도(통성기도)를 한다.

우리는 어떠한 기도를 하든지 간에 말의 힘을 이용할 경우에는 이미 그것이 원하는 상태로 이루어졌음을 인정하고 해야 한다. “이미 받았다고 믿고 감사하라”는 긍정적 기도 방식이다.

과학적으로 소리의 파장과 주파수를 입력하여 치료하는 것이 음악 치료다. 음악 치료는 심신의 안정과 질병 치료에 효과적으로 실용화하고 있다.

무슨 말이든 3,000번 이상 하면 동화되어 가는 자기 암시, 타인 암시의 성질을 띠게 된다. 마인드 컨트롤의 창안자 호세 실바는 “뇌는 신중한 해석자가 아니다”라고 했다.

우리의 뇌에 어떠한 단어가 입력되는 순간 기존의 경험에 의해 하게 되는 행동은 뇌가 스스로 제어하지 못한다. 그래서 의식이 집중되는 곳에 기가 모인다. 언어는 뇌에서 명령이 됨과 동시에 행동으로 육신을 다스린다.

우리는 매일 많은 말을 하며 살아간다. 그중에는 아름다운 말이 있는가 하면 남의 가슴에 상처를 남기는 말도 있다.

말은 함부로 하는 것이 아니다. 말 한마디가 불이 되는 수도 있다. 말 속에 기가 흐르기 때문이다. 사랑의 말 한마디가 소망의 뿌리가 되고, 진실한 말 한마디가 불신의 어둠을 거두어 간다.

무심코 들은 비난 한마디가 잠 못 이루게 하고, 정담아 들려주는 칭찬의 말 한마디가 하루를 기쁘게 한다. 위로의 말 한마디가 상한 마음을 아물게 하고, 전하지 못한 말 한마디가 평생 후회하는 삶을 만들기도 한다.

생각이 곧 말이 되고, 말이 곧 행동이 된다. 행동이 곧 버릇이 되고, 버릇이 곧 성격이 된다. 그 성격이 곧 운명이 된다.

내가 이 세상에 태어나
수없이 뿌려놓은 말의 씨들이
어디서 어떻게 열매를 맺었을까
조용히 헤아려 볼 때가 있습니다

무심코 뿌린 말의 씨라도
그 어디선가 뿌리를 내렸을지 모른다고 생각하면
왠지 두렵습니다.
더러는 허공으로 사라지고
더러는 다른 이의 가슴속에
좋은 열매 또는 언짢은 열매를 맺기도 했을
언어의 나무

주여

내가 지닌 언어의 나무에도
멀고 가까운 이웃들이 주고 간
크고 작은 말의 열매들이
주렁주렁 달려 있습니다
둥근 것 모난 것
밝은 것 어두운 것
향기로운 것 반짝이는 것

그 주인의 얼굴은 잊었어도
말은 죽지 않고 살아서
나와 함께 머뭅니다

살아 있는 동안 내가 할 말은
참 많은 것도 같고 적은 것도 같고
그러나 말이 없이는
단 하루도 살 수 없는 세상살이

매일매일 돌처럼 차고 단단한 결심을 해도
슬기로운 말의 주인 되기는
얼마나 어려운지

날마다 내가 말을 하고 살도록
허락하신 주여
하나의 말을 잘 탄생시키기 위하여
먼저 잘 침묵하는 지혜를 깨우치게 하소서

헤프지 않으면서 풍부하고
경박하지 않으면서 품위 있는
한 마디의 말을 위해
때로는 진통 겪는 어둠의 순간을
이겨내게 하소서

참으로 아름다운 언어의 집을 짓기 위해
언제나 기도하는 마음으로
道를 닦는 마음으로 말을 하게 하소서
언제나 진실하고
언제나 때에 맞고
언제나 책임 있는 말을
갈고닦게 하소서

내가 이웃에게 말을 할 때에는
하찮은 농담이라도

함부로 내뱉지 않게 도와주시어
더 겸허하고
좀 더 인내롭고
좀 더 분별 있는
사랑의 말을 하게 하소서

내가 어려서부터 말로 저지른 모든 잘못
특히 사랑을 거스른 비방과 오해의 말들
경솔한 속단과 편견과
위선의 말들을 주여 용서하소서

나날이 새로운 마음, 깨어 있는 마음
그리고 감사한 마음으로
내 언어의 집을 짓게 하시어
해처럼 환히 빛나는 삶을
당신의 은총 속에 이어가게 하소서

- 이해인, 「말을 위한 기도」

2) 표정이 밝아야 한다

우리는 흔히 하는 말로 '생긴 대로 사네'라고 말하는데 이는 틀렸다. 정확히 말하면 생긴 대로 사는 것이 아니고 사는 대로 생기는 것이다. 주위의 사람들에게 덕을 쌓으면서 살면 눈이 맑고 덕 있게 생기고 남을 헐뜯고 비난하고 고민하며 짜증스럽게 살면 표정이 일그러지고 짜증스러운 얼굴이 되는 것이다.

화가 레오나르도 다 빈치는 자신의 그림 속에 강도의 모델이 필요했다. 한참을 찾아 헤매다가 드디어 적합한 사람을 찾아냈다. 그런데 그 사람은 알고 보니 수년 전 예수의 모델이 되어 달라고 부탁했던 그 사람이었다. 뒷골목에서 험하게 살아온 몇 년의 생활이 예수에서 도둑의 인상으로 변하게 한 것이었다.

따라서 우리는 밝게 살면 밝은 표정이 자연스레 생기고 고민하고 찡그리며 살면 입술이 처지고 표정이 어둡고 일그러지게 되는 것으로 사는 대로 생기게 되는 것이다.

우리는 표정이 밝으면 마음이 밝아지고 마음이 밝으면 운명도 밝아지고 이것이 성공을 가져온다. 결국 표정은 자신이 만들고 표정을 다스리면 인생도 다스려진다.

서울의 어느 취업 전문 업체의 조사에 의하면 국내의 우수한 기업체 인사 담당자 1,100명을 대상으로 조사한 내용에 면접 시험 시 표정을 중요한 채점의 기준으로 보고 표정 때문에 25%가 면접에서 감점을 주었다. 특히 감점의 대상으로 무표정, 날카로운 표정, 자신감이 없어 보이는 표정, 눈이 맑지 못한 표정, 무뚝뚝하거나 얼굴빛이 좋지 않은 표정 등이 감정을 받아 면접에서 불이익을 본 것으로 나타났다.

또한 일본에서 성공한 사람들을 대상으로 성공의 비결을 물어본 결과 많은 사람들의 대답이 "운이 좋았다"라고 답했는데 그 좋은 원인을 연구한 결과 운이 우연히 좋았던 것이 아니라 항상 밝은 표정으로 살면서 스스로 운이 좋도록 만들었다고 밝혔다.

표정은 예쁘고 잘생긴 것하고는 다르다. 잘생긴 것은 타고 난다든가 성형으로 얼굴을 고쳐야 가능하지만 좋은 표정은 누구나 자신의 노력으로 만들 수 있다. 우리나라에서 인상학을 연구한 주선희 박사는 로또보다 더 확실한 인생 역전의 방법을 설파하며 "성공하려거든 인상부터 바꾸라"라고 말하고 있다. 그만큼 우리의 생활에서 표정은 중요하다. 표정을 좋게 하기 위해서는 덕을 쌓아야 한다. 마음으로 덕을 쌓으면 표정도 자연 부드러워지고 밝아지는 것이다.

많은 돈 들이지 않는 확실한 인생 역전의 방법인 표정을 밝게 하여 성공과 행운을 얻을 수 있도록 노력할 일이다.

아름다운 사람을 만나고 싶다

항상 푸른 잎새로 살아가는 사람을 오늘 만나고 싶다

언제 보아도 언제나 바람으로 스쳐 만나도

마음이 따뜻한 사람

밤하늘의 별 같은 사람을 만나고 싶다

온갖 유혹과 폭력 앞에서도 흔들림 없이

언제나 제 갈 길을 묵묵히 걸어가는 의연한 사람들을 만나고 싶다

오늘 거친 삶의 벌판에서 언제나 청순한 사람으로 사는

사슴 같은 사람들을 만나고 싶다

모든 삶의 굴레 속에서도 비굴하지 않고

언제나 화해와 평화스러운 얼굴로 살아가는

그런 세상의 사람을 만나고 싶다

마음이 아름다운 사람의 마음에 들어가서

나도 그런 아름다운 마음으로 살고 싶다

아침 햇살에 투명한 이슬로 반짝이는 사람

바라보면 바라볼수록 온화한 미소로

마음이 편안한 사람을 만나고 싶다

결코 화려하지도 투박하지도 않으면서

소박한 삶의 모습으로 오늘 제 삶의 갈 길을 묵묵히 가는

그런 사람의 아름다운 마음 하나 고이 간직하고 싶다

- 롱펠로, 「아름다운 사람을 만나고 싶다」

3) 실패를 성공의 기회로 삼자

실패는 성공을 불러올 수 있다. 세계에서 가장 처절했던 실패 가운데 몇 가지를 살펴보자.

- 헨리 포드는 자신의 첫 자동차에 후진 기어를 장착하지 않았다.
- 마이클 조던은 고교 시절 농구팀에서 잘렸다.
- 나폴레옹은 사관학교를 거의 꼴찌로 졸업했다.
- 에이브러햄 링컨은 미합중국 대통령으로 자리 잡기 전까지 너무나 많은 것들에 실패했다. 직장 생활, 자영업 운영, 사랑에 이르기까지 말이다.

실패는 어떻게 하면 다음에는 더 잘할 것인가를 배우는 과정이다.

누구든 실패를 피할 수는 없다. 승진 탈락, 해고, 취업 실패, 시험 실패, 사업 실패, 재테크 실패….

그렇다고 어떻게든 실패를 피하려고만 노력해서는 아무것도 제대로 할 수 없고, 결국은 무기력하게 실패하고 만다.

중요한 것은 누구나 실패를 하지만, 어떤 이의 실패는 '좌절'로 이어지고, 어떤 이의 실패는 '배움'으로 이어진다는 사실이다. 그리고 실패에서 배우는 사람만이 다음에 성공 가능성을 높일 수 있다.

성공을 불러온 실패의 사례들이다.

- 비틀즈는 무명 시절 데카레코드에서 음반 계약을 위한 오디션을 봤다가 고배를 마셨다.
- 존 그리샴의 첫 번째 소설은 16명의 에이전트와 10곳이 넘는 출판사에서 거절당했다.
- 홈런왕 베이브 루스는 통산 1,330차례나 스트라이크아웃을 당해 메이저리그 기록을 세웠다.
- 스티븐 스필버그는 고등학교를 그만두고 8밀리미터 영화를 찍으며 집 주변을 배회했다.
- 펩시, 퀘이커오츠, 버즈아이, 리글리 같은 대기업들도 해당 업계에서 거물이 되기 전 최소 한 차례 이상 파산을 경험했다.

누구든 실패를 피할 수 없다면, 이제 이렇게 생각해 보자.
'실패는 어떻게 하면 다음에는 더 잘할 것인가를 배우는 과정이다….'

(1) 비즈니스맨의 성공 조건

- 적당히 자신을 낮추어라.
- 많은 사람에게 환영받는 펀(Fun)한 사람이 되어라.

- 어떤 악조건에서도 여유를 잃지 말라.
- 말의 시작과 끝을 정확히 하라.
- 먼저 상대방을 배려하는 마음을 가져라.
- 좋은 점은 강조하고 나쁜 점은 숨겨라.
- 어려운 말은 쓰지 말라.
- 요점을 잘 말하는 법을 익혀라.
- 훌륭한 유머는 훌륭한 친구를 만든다.
- 감정에 치우치지 말라.

(2) 성공한 사람들의 말하기 특징

- 항상 청유형으로 말한다.
- 상대의 마음을 먼저 헤아린다.
- 유머로 위기를 넘긴다.
- 상대의 말을 경청한다.
- 호의를 가지고 이야기한다.
- 칭찬과 격려에 능숙하다.
- 상대방을 존중한다.

달콤한 유머 | 가장 억울하게 죽은 사람

달리는 버스가 고가도로를 넘어가다 뒤집어져 많은 사람이 죽었다. 가장 억울하게 죽은 사람 네 명을 꼽으면 다음과 같다.

1. 결혼식이 내일인 총각
2. 졸다가 한 정거장 더 오는 바람에 죽은 사람
3. 버스가 출발하는데도 억지로 달려와 간신히 탔던 사람
4. 69번 버스를 96번으로 보고 탄 사람

16
스트레스

스트레스를 받으면
두뇌가 신체에 대하여 부적절하게 반응을 일으킨다.

- 캐나다 맥길 대학의 마이클 미이니 박사 -

1) 스트레스란?

존립에 위협을 주는 모든 내부 외부적 자극을 의미하고 신체를 전투 준비 태세로 만드는 심리적 중압감이나 긴장감을 의미한다. 교감 신경의 반응이 폭발적으로 일어나 콩팥 위에 위치한 부신을 자극해서 스트레스 호르몬 아드레날린이 분비되도록 한다.

- 혈액 이동이 빨라지고 혈압이 상승한다. 즉, 몸이 초비상 상태가 된다.
- 두뇌는 당과 산소를 소모하고 이산화탄소를 만들어 낸다.
- 피의 흐름이 빨라지고 체온이 상승한다.

2) 스트레스의 영향(해로운 점)

- 피부와 내장이 나빠진다.
- 혈액 순환이 원만하지 않아 탈모증이 유발된다.
- 소화 기능이 떨어지고 변비나 위궤양 등 소화 질환이 생긴다.
- 고혈압이나 심장병, 편두통, 당뇨병 및 각종 성인병의 원인이 된다.
- 기관지가 축소되어 천식의 원인이 된다.
- 몸에 면역력이 저하되어 병에 잘 걸린다. 면역력이 떨어지면 발암물질을 제거하지 못해 암이 잘 생기고 암 전위도 잘 된다.
- 스트레스는 여성에게는 생리 불순을 일으키고, 저체중 아이를 출산할 위험성이 높고, 남성들에게는 발기 부전을 일으킨다.

3) 웃음은 스트레스를 잡아주는 킬러다

웃으면 엔도르핀과 같은 우리 몸에 좋은 호르몬이 분비된다는 사실은 이제 상식이 되었다. 엔도르핀은 우리 몸 안에서 발생한 스트레스 호르몬을 감소시켜 준다. 하지만 우리가 스트레스에 싸여 있는 그 순간, 엔도르핀 분비는 기대하는 것만큼 간단한 일이 아니다. 어려운 상황에 처했을 때 웃음으로 난관을 극복해내는 용기 있는 사람은 많지 않기 때문이다. 이럴 때마다 병원에서 엔도르핀을 처방받을 수 있다면 좋겠지만, 현실에서는 아직 불가능한 일이다. 스트레스에 웃음만큼 좋은 보약은 없다. 일단 웃을 때 분비되는 엔도르핀은 그 자체로 사람의 기분을 좋게 만들기도 하지만 체내의 스트레스 호르몬인 코티졸을 줄여 주는 두 가지의 작용을 효과적으로 해낸다. 웃음은 스트레스에 대한 최고의 해소책이자 스트레스의 발생 자체를 막아주는 예방주사의 역할을 하는 것이다.

미국의 심장 전문의인 로버트 엘리엇은 '스트레스에 대처하기 위한 세 가지 법칙'을 제안하고 있는데 제1법칙은 작은 일에 땀 흘리지 않는 것이고, 제2법칙은 모든 것은 작은 일에 불과하다고 생각하는 것이며, 제3법칙은 싸울 수도 없고 도망갈 수도 없으면 흐르는 대로 자신을 맡겨 흐르게 하라는 것이다. 이 세 가지 법칙이 담고 있는 메시지는 너무 긴장하거나 애태우지 말라는 것이다. 그냥 마음을 비우고 웃으며 살아가는 것만이 스트레스로부터 자유로울 수 있는 유일한 방법이다. 실제로 우리의 뇌는 언어중추신경이 지배한다고 한다. 즉, 말의 영향력 아래 놓여 있다는 말이다. 그래서 스트레스라는 말이 없었다면 더 많은 현대인들이 스트레스로부터 자유로웠을 것이라고 말하는 언어학자도 많다. 스트레스라는 말을 통해서 사람들은 스스로를 옭아맨다. "어우, 스트레스 쌓여"라는 말을 습관적으로 하면서 실제로 스트레스 환경을 만들어 내고 스트레스라는 질병을 만들어 버리는 것이다.

이제부터 스트레스라는 말을 사용하지 말자. 스트레스라는 말은 부정적인 상황과 부정적인 감정을 끌어오며 나아가 우리의 감정을 순식간에 짜증나고 괴롭게 만들어 버린다. 보다 긍정적이고 기분 좋은 말, 힘 있는 말을 사용하다 보면 마음의 평정과 행복을 찾는 일이 한결 쉬워질 것이다. 이 세상에서 가장 평범하지만 긍정적인 말, 그것은 바로 웃음이다. 웃음은 체내 스트레스 호르몬인 코티졸의 수치를 낮추며 엔도르핀과 엔케팔린의 수치를 높여 우리를 건강한 신체로 만들어 줄 뿐만 아니라 마음도 풍요롭게 해 준다.

- 영어로 스트레스(Stressed)를 거꾸로 적어 보면 아주 맛있고 달콤한 디저트(Desserts)가 된다. 이렇게 우리가 어떻게 생각하느냐에 따라 모든 것이 달라져 보인다. 내가 즐거우면 모든 게 즐겁게 보이고 즐겁게 느껴진다.
- 인생에서 스트레스가 없는 유일한 순간은 죽었을 때뿐이다.

4) 스트레스를 줄이는 방법

스트레스를 줄이는 방법은 여러 가지가 있으나 사람의 성격이나 기호에 따라 달라질 수 있다. 자신이 좋아하는 방법을 택하면 된다.

- 1주일에 3일 내지 5일간은 30분간 땀을 내어 운동한다.
- 긴장 완화의 기술을 익힌다.
- 커피를 많이 섭취하지 않는다.
- 육류의 섭취를 줄이고 신선한 야채와 과일을 많이 먹는다.
- 시간을 내어 사색한다.
- 더 나은 시간 활용의 습관을 개발한다.
- 충분한 수면을 취한다.
- 많이 웃으며, 낙천적으로 산다.
- 생활을 단순하게 한다.
- 용서한다.

5) 스트레스를 해소하는 방법

- 배우가 되어라.
- 기분이 좋은 척하라.
- 슬프다면 행복한 척하라. 이렇게 하면 우리의 감정이 살아난다.
- 화가 나면 애정이 넘치는 척하라.
- 우리가 내뱉는 말에 의해 지배를 당한다.
- 스트레스라는 말 자체를 하지 마라. '고기는 바늘로 낚고 사람은 말로 낚는다'라는 말이 있다.
- 마음껏 소리 내어 웃어라.
- 가만히 눈을 감고 행복했던 기억들을 떠올리며 "나는 행복해"라는 말을 반복하라.

6) 나의 스트레스 정도 진단하기

다음 항목마다 점수를 매겨 보라.

거의 그렇지 않다 (1점)	약간 그렇다 (2점)	자주 그렇다 (3점)	거의 항상 그렇다 (4점)

- 직장에 출근하는 것이 부담스럽거나 두렵다. ( )
- 일에 흥미가 없고 지겹게 느껴진다. ( )
- 최근 업무와 관련해서 문제가 발생한 적이 있다. ( )
- 업무 능력이 다른 사람보다 떨어지는 것 같다. ( )
- 직장에서 업무에 집중하기 힘들다. ( )
- 항상 시간에 쫓긴다. ( )
- 업무 책임이 많다고 느낀다. ( )
- 일을 집에까지 가져가서 할 때가 많다. ( )
- 미래에 대한 비전이 별로 없다고 생각한다. ( )
- 요즘 나는 우울하다. ( )
- 짜증이 자주 난다. ( )
- 사람들과 어울리지 않고 혼자 지내는 시간이 많다. ( )
- 인간관계가 원만치 못할 때가 있다. ( )
- 최근 지나치게 체중이 줄거나 늘었다. ( )
- 쉽게 피로를 느낀다. ( )
- 무기력감을 느낀다. ( )
- 술, 담배가 늘었다. ( )

결과
20점 이하: 스트레스 거의 없음.
20~40점: 스트레스 약간 있음. 관리 필요.
41~50점: 스트레스 위기 상황. 대처능력 필요.
51~60점: 스트레스 적색경보. 전문의 상담 필요.
60점 이상: 공습경보. 위험.

달콤한 유머 | Kiss에 대한 믿거나 말거나 한 고고학적 고찰

소금이 없으면 혈액의 농도가 낮아져 생명이 위험하다는 사실을 선사시대의 원시인들도 알고 있었단다. 바닷가에서 생활하는 원시인들은 염분 섭취가 자연스러웠지만 해안에서 멀리 떨어져 있는 산간 쪽의 원시인들에게 소금은 절체절명의 귀한 식품이었다. 오죽하면 몸에서 나는 땀이라도 아까워서 사생결단으로 서로의 살갗을 핥았을까. 그러다가 다양한 시도 끝에 어느 날 문득 mouth to mouth의 상태에서 독특한 맛을 느끼게 되는데 이것이 바로 키스의 유래라나 뭐라나.

17

웃음 건강법

100번 웃으면 15분간 페달 밟기 운동을 하는 것과 동일하다.

- 영국 루이빌 대학 심리학 교수 클리코드 킨 박사 -

미국에서 100세 이상 노인들을 대상으로 10년 기간에 걸쳐 그들의 장수 비결을 연구한 결과, 긍정적인 사고, 신앙심, 봉사정신이라는 세 가지 공통점이 있다는 것이 밝혀졌다.

여기서 긍정적인 사고는 곧 유머와 연관된다. 평소 여유롭고 밝은 방면으로 생각하는 사람에게서는 농담이나 조크, 웃음이 넘쳐나는 것을 볼 수 있다. 그러면서 인생을 낙관하는 사고방식이 우러나오는 것이다.

언젠가 우리나라를 방문했던 일본의 쌍둥이 장수 할머니들은 어린 소녀처럼 말 한마디에도 자꾸만 웃음을 터뜨리는 것을 볼 수 있었다. 이것은 무엇을 말하는가. 많이 웃는 것이 보약이라는 말이다.

반면에 우리나라에서는 최근 젊은 청년들의 정자수가 30%가 감소하고, 10명 중 4명은 비정상적인 정자이며, 여성들이 조기 폐경을 한다는 보도가 나왔다. 매우 충격적이지 않을 수 없다.

우리나라 남녀들이 이렇게 되는 이유는 무엇일까.

그 첫 번째는 뭐니 뭐니 해도 환경오염으로 인한 면역 체계의 이상 때문이다. 면역력이 떨어지면 인체의 모든 기관들이 고장을 일으키게 되어 있다. 오죽하면 현대의 가장 무섭다는 질병인 에이즈는 면역력이 제로인 병이 아닌가.

그런데 웃으면 이 면역력이 쑥쑥 올라간다. 의학의 아버지라고 불리는 히포크라테스는 지구상의 최고의 의사와 치료법은 면역력이라고 하였다.

영국에서는, 사람이 화를 낼 때 나오는 날숨을 모아서 1시간을 농축했더니 80명을 죽일 수 있는 독약으로 변한다는 사실을 밝힌 적이 있다. 이 얼마나 무서운 일인가.

쉽게 짜증내고 화를 내는 것이 반복되면 자신도 모르는 사이에 소중한 나의 몸속에 독약을 집어넣는 꼴이니 말이다. 하지만 크게 한 번만 15초 동안 박장대소를 해도 우리 몸 속에서는 산삼보다 좋다는 엔도르핀, 엔케팔린, 도파민 등의 호르몬이 나온다.

이것을 계산해 보니 하루에 15초만 크게 웃어도 평생 2일을 더 사는 결과가 나온다.

"돈을 잃으면 조금 잃는 것이요, 명예를 잃으면 많이 잃는 것이요, 건강을 잃으면 모든 것을 잃는 것이다"라는 말이 있다. 바쁜 현대인들에게 너무나 중요한 말이 아닐 수 없다. 명예를 좇고 돈을 따르다 보면 자신도 모르게 건강을 해치는 경우가 종종 있다. 그래서 '살 만하면 죽는다'는 말도 흔히 나오는 것이다.

우리 모두 건강하게 살자. 그러려면 면역력을 키워야 한다. 면역력을 키우는 데는 웃음만 한 것이 없다. 이처럼 웃음은 건강을 지키는 비결이자, 성공으로 가는 중요한 열쇠가 된다는 말은 아무리 해도 지나치지 않다.

재미있는 통계를 보자. 80세 어른의 경우, 잠자는 데 26년, 일하는 데 21년, 식사하는 데 6년, 기다림으로 6년, 화장실 가는 데 1년, 화장하는 데 1년 6개월이 걸린다고 한다.

그런데 웃는 데 시간을 보내는 것은 겨우 10일(그것도 1일 30초를 웃는다고 가정했을 때 100년 동안 걸리는 시간이다)이라는 조사 결과가 있다.

생각해 보면 너무도 우리 인생이 아깝지 않은가. 기왕에 사는 인생이라면 웃으면서 행복하게 살고 싶은 것이 보통 사람들의 평범한 마음이 아닐까.

그런데도 겨우 즐겁게 웃는 시간이 10일밖에 안 된다니! 조금 지나친 통계 같기도 하지만, 어쨌든 우리 자신이 하루 동안에 얼마나 웃는가를 잘 생각해 보면 그 통계는 정확히 나올 것이다.

밝게 웃는 시간은 우리에게 가장 여유로운 시간, 가장 행복한 순간일 것이다. 웃음의 시간이 늘어난다는 것은 그만큼 행복 지수가 늘어난다는 말이며, 만족하고 있는 시간이 길다는 얘기다. 어떻게 하면 웃고 사는 시간을 늘릴 것인가를 고민하고 노력하는 것은 나 자신의 몫이다.

1) 웃음 실천 십계명

(1) 크게 힘차게 웃어라

크게 웃는 웃음은 최고의 운동법이며 매일 1분 동안 웃으면 8일을 더 오래 산다. 힘차게 웃을수록 더 큰 자신감을 만들어 준다. 웃으면 근육이 절로 운동을 한다. 크게 힘차게 웃어라.

(2) 억지로라도 웃어라

웃음은 연습이다. 웃을수록 병은 무서워서 도망간다. 건강을 위해서 웃자. 웃는 연습을 하자.

(3) 눈 뜨면 웃어라

아침에 첫 번째 웃는 웃음이 보약 중의 보약이다. 집안에 웃음이 넘치면 3대가 건강하게 되며, 보약 100첩보다 훨씬 낫다. 옛 어른들도 소문만복래라고 하여 웃는 집에 만복이 들어온다고 하였다. 여러분들도 항상 웃어서 만복을 받기 바란다.

(4) 웃는 시간을 정해 놓고 웃어라

아침, 점심, 저녁 자기가 웃을 수 있는 시간을 정하라. 그러면 병원과는 영원히 작별이다.

(5) 마음까지 웃어라

얼굴 표정보다 가슴으로 웃어라. 마음의 표정이 더 중요하다.

(6) 가장 즐거운 생각을 하며 웃어라

즐거운 웃음은 즐거운 일을 창조한다. 웃으면 복이 오고 웃으면 웃을 일이 생긴다.

(7) 여럿이 함께 웃어라

혼자 웃는 것보다 33배 이상 효과가 있다. 어깨동무를 하고 웃자.

(8) 고단하고 힘들 때 더 웃어라

진정한 웃음은 힘들고 어려울 때 웃는 것이다.

(9) 웃고 웃고 또 웃어라

웃지 않고 하루를 보낸 사람은 그날을 낭비한 것이나 마찬가지이다. 일주일을 매일 웃을 수 있는 방법은 이렇다. 월요일은 원래부터 웃고, 화요일은 화사하게 웃고, 수요일은 수수하게 웃고, 목요일은 목이 터져라 웃고, 금요일은 금방 웃고 또 웃고, 토요일은 토실토실하게 웃고, 일요일은 일부러 웃는다. 이렇게 웃으면 일주일에 매일같이 웃으며 살 수 있다.

(10) 꿈을 성취한 순간을 생각하며 웃어라

꿈과 웃음은 한 집에 산다고 하였다. 꿈을 생각하며 웃으면 꿈이 성취될 것이다. 누군가는 이렇게 말을 한다. 세상에 웃을 일이 있어야 웃지, 웃을 일이 없어서 웃지 못한다고. 웃을 일이 없는가. 그러면 일부러라도 웃어라. 일부러라도 웃다 보면 웃을 일이 생길 것이다.

2) 박수 건강법

(1) 합장 박수

열 손가락 전부를 마주 대고 양손을 힘차게 부딪치는 박수다. 혈액 순환 개선에 효과적이며 혈액 순환 장애로 생기는 손발 저림이나 신경통이 있는 사람에게 좋다.

(2) 손가락 박수

손가락만 부딪쳐서 치는 박수이다. 심장 질환 예방에 효과적이다.

(3) 손바닥 박수

손바닥만 부딪쳐서 치는 박수이다. 소장, 대장 등의 내장 기능을 강화시키는 데 효과적이다.

(4) 주먹 박수

주먹을 쥔 손가락이 닿는 부분끼리 치는 박수, 두통, 어깨 부위 통증 예방과 치료에 효과적이다.

(5) 손가락 끝 박수

양 손가락 끝 부위만 댄 채로 박수를 친다. 눈과 코 부위의 건강에 좋다. 시력이 안 좋은 사람, 만성 비염, 코감기가 있는 사람, 특히 코피를 자주 흘리는 사람에게 효과적이다.

(6) 손목 박수

손목과 연결된 손바닥 끝 부위만 자극하는 박수이다. 방광을 자극하는 효과가 있고, 생식기 기능에 좋아 정력 증강에 효과적이다.

(7) 목뒤 박수

양손을 목뒤로 돌려서 박수를 치는 방법이다. 어깨 부위에 피로를 풀어 주고, 자세가 바르지 못한 사람이나 몸이 뻣뻣한 사람에게 효과적이다.

(8) 손등 박수

손등을 마치 때리듯이 번갈아 가며 치는 박수이다. 허리를 강화하는 효과가 있어 요통 척추 질환에 아주 효과적이다.

(9) 앞뒤 박수

팔을 쭉 늘려서 앞뒤로 흔들면서 손뼉을 마주쳐 치는 박수이다. 어르신들의 치매 예방에 아주 효과적이다.

(10) 계단 박수

순서대로 글자를 읽고 "/"는 손뼉을 치는 놀이이다.

요령은 '한 글자 - 두 글자 - 네 글자 - 여덟 글자'로 끊는 것이다.

① **나는 내가 너무 좋다**

나 / 는 / 내 / 가 / 너 / 무 / 좋 / 다

나는 // 내가 // 너무 // 좋다 //

나는내가 //// 너무좋다 ////

나는내가너무좋다 ////////

② **나는 나를 사랑한다**

나 / 는 / 나 / 를 / 사 / 랑 / 한 / 다 /

나는 // 나를 // 사랑 // 한다 //

나는나를 //// 사랑한다 ////

나는나를사랑한다 ////////

(11) 자존감 박수

"전체 박수 3번 쳐"라고 하면 꼭 4번 치는 사람이 나오게 마련이다. 이럴 때 새로운 규칙을 정하여 박수 3번 치고 두 주먹을 쥐고 "얏" 하고 외치게 한다. "박수 3번 시작" 하면 "짝짝짝", "얏" 하게 된다.

이번엔 질문에 해당하는 사람만 박수를 치라고 하면서

"자신이 얼짱이라고 생각하는 사람은 박수!"

"자신이 몸짱이라고 생각하는 사람은 박수!"

"자신이 맘짱이라고 생각하는 사람은 박수!"

"자신이 잘 웃는다고 생각하는 사람은 박수!"

"나는 적어도 옆 사람보다는 낫다고 생각하는 사람은 박수!"

"자신이 행복하다고 생각하는 사람은 박수!"라고 한다.

단, 마지막 말을 할 때 "행복은 내가 행복하다고 생각하고 입으로 말을 하면 정말로 행복해집니다"라고 멘트를 해 준 후 박수를 치게 하면 모두가 박수를 치게 된다.

5) 건강을 지켜 줄 10가지 수칙

(1) 감사하는 마음으로 산다

세상의 아름다움을 깨닫게 된다.

(2) 긍정적으로 세상을 본다

동전에 양면이 있다는 사실을 믿게 된다.

(3) 원칙대로 정직하게 산다

당장은 힘들더라도 마음의 평화로움이 건강을 가져다준다.

(4) 상대의 입장에서 생각해 본다

마음의 폭이 넓어지고 풍요로워진다.

(5) 때로는 손해 볼 줄도 알아야 한다

우선 내 마음이 편하고 언젠가는 반드시 되돌아오게 된다.

(6) 반가운 마음이 담긴 인사를 한다

마음이 따뜻해지고 세상이 환해진다.

(7) 일부러라도 웃는 표정을 짓는다

웃는 표정만으로도 기분이 밝아진다.

(8) 누구라도 칭찬한다

상대방의 기쁨이 내 기쁨이 된다.

(9) 약속 시간엔 여유 있게 가서 기다린다

시간의 여유가 마음의 여유를 준다.

(10) 하루 세끼, 맛있게 천천히 먹는다

건강의 기본이요, 즐거움의 샘이다.

6) 건강과 행복을 위한 11가지 단계

- 억지로라도 웃어라.
- 좋아하는 일에 미쳐라.
- 포만감을 느끼기 전에 수저를 놓아라.
- 스트레스는 그날그날 풀어 버려라.
- 다른 사람에게 먼저 인사한다.
- 소중한 나 자신을 위해 돈을 투자하라.
- 시간이 없다는 건 핑계일 뿐이다.
- 밝은 마음으로 일어나고, 밝은 마음으로 잠든다.
- 할 수 있다는 자신감으로 두려움을 없애라.
- 변화를 기꺼이 받아들여라.
- 매일 밤 생각을 정리하고 목표를 확인한다.

7) 웃음과 음악

(1) 음악이 함께하는 웃음이 주는 효과

- 웃음과 음악은 자부심을 지닐 수 있게 도와준다.
- 웃음과 음악은 우리에게 있어서 삶의 축제이다.
- 웃음과 음악은 청각 훈련을 비롯, 모든 학습의 중심이 되는 기능이다.
- 웃음과 음악 활동의 경험은 욕구를 충족시켜 준다.
- 웃음과 음악을 생활화하는 것이 주목적이다.
- 웃음과 음악 및 움직이는 활동은 인간 성장에 관련된 모든 측면을 다 포괄한다.
- 웃음과 음악은 자연 속에서 활동의 핵심이 되는 테마를 제공해 준다.
- 웃음과 음악을 통해 노래하기, 듣기, 움직이기, 활동하기.
- 표현하고 높낮이가 있어 음성 발달이 많이 이루어진다.
- 웃음과 음악으로 잠자는 세포를 깨워 놀라운 감각을 계속 유지할 수 있고, 새로운 것을 찾는 것에 도움을 준다.

8) 음악 활용 기법

음악을 활용하여 웃음 치료를 하게 되면 훨씬 더 신나고 즐겁게 웃음 치료를 할 수 있다. 음악 치료 시에는 가능하면 신나고 즐거운 댄스 음악을 사용하면 더욱더 효과적이다.

달콤한 유머 | **예민한 사병**

중대장이 김 하사를 사무실로 불렀다.

"최 이병이 자네 소속이지? 유감스럽게도 좋지 못한 소식을 방금 받았네. 최 이병의 아내가 고무신을 거꾸로 신고 미국으로 떠나 버렸다네. 그는 매우 예민한 사병이니 난 자네가 그 소식을 부드럽게 전해 주길 바라네."

잠시 후, 한 줄로 서 있는 병사들에게 김 하사는 말했다.

"한국에 아내가 있는 병사는 일보 앞으로! 최 이병 너는 아니야, 원위치!"

18

유머 모음

웃음과 유머는 뇌를 골고루 자극시키는 오케스트라이다.

- 덕스 -

1) 한국인 거짓말 BEST 20

1등 국회의원: 당선되면 이 한 몸 바쳐 열심히 봉사하겠습니다. (2,143명, 68%)

2등 교장 선생님: 자, 마지막으로 간단히 말하겠습니다. (218명, 7%)

3등 시험 보는 날: 아, 나 어제 공부 하나도 안 했는데. (185명, 6%)

4등 연락 뜸한 동창: 우리 한번 봐야지? (99명, 3%)

5등 친구 비밀 얘기할 때: 야, 이거 너한테만 말하는 건데 (71명, 2%)

6등 소풍 가는 날 안내장: 8시 30분까지 집합! 그리고 당일 날 출발은 9시! (47명, 1%)

7등 중국집: 출발합니다. (46명, 1%)

8등 교사: 때리는 나도 가슴이 아프다. 제일 시끄러운 반은 우리 반이네. (44명, 1%)

9등 수능 점수 잘 나온 학생 인터뷰: 교과서와 EBS 특강만 열심히 봤어요. (34명, 1%)

10등 버스 속 할매들: 아이고, 학생 괜찮은데. (28명, 1%)

11등 신규 분양 아파트 전단지: 지하철역, 기차역, 버스터미널 5분 거리. (25명, 1%)

11등 네가 내 첫사랑이야. (25명, 1%)

13등 약속 시간 늦어서 상대방에게 전화 오면: 야, 다 왔어. 나 지금 ○○야. 5분 내에 도착한다. (24명, 1%)

14등 홈쇼핑: 제품의 가격이 39,900원이라면 꼭 말할 때 4만 원이 안 되는 가격! 이런 거 한다. (22명, 1%)

15등 차린 건 없지만 많이 드세요. (21명, 1%)

16등 길거리 노점상 장사꾼들: 이거 밑지고 파는 거예요. 몇 개 안 남았습니다. (19명, 1%)

17등 연예인 스캔들: 그냥 친한 오빠 동생 사이예요. (18명, 1%)

17등 좋은 아침! (18명, 1%)

17등 예의상: 언제 한번 술 한 잔 하지요. (18명, 1%)

20등 즐랭. (16명, 1%)

2) 공주병 14행시

가 가만히 생각해 보니

나 나는야 너무도 예쁜 여자

다 다들 부럽다고 난리야!

라 라라랄라 나는야 즐거운 공주

마 마음에 들어 하는 남자들이 너무 많아

바 바라만 보아도 내게 홀딱 반해 버려

사 사랑을 받아

아 아름다운 얼굴

자 자신 있는 몸매는

차 차원이 달라

카 카나리아 같은 목소리에

타 타조 같은 롱다리

파 파란 하늘 아래 오직

하 하나뿐인 나는 공주!

3) 아내의 질투

아내: 자기 결혼 전에 사귀던 여자 있었어? 솔직히 말해 봐. 응?

남편: 응, 있었어.

아내: 정말? 사랑했어?

남편: 응, 뜨겁게 사랑했어.

아내: 뽀뽀도 해 봤어?

남편: 해 봤지.

아내는 드디어 열이 받쳤다.

아내: 지금도 그 여자 사랑해?

남편: 그럼 사랑하지. 첫사랑인데.

완전히 열이 오른 아내가 소리를 빽 질렀다.

아내: 그럼 그 여자하고 결혼하지 그랬어, 엉?

그러자 남편 왈: 그래서 그 여자하고 결혼했잖아.

4) 고급 유머: 반대말 시리즈

사오정 같은 친구가 제 딴은 고급 유머랍시고 하는 질문이다.

(1) 대통령 선거

사오정: '대통령선거' 반대말은 뭐게?

친구: 몰라.

사오정: 그것도 몰라? '대통령 앉은 거'.

(2) 인도는 몇 시

사오정: 인도가 지금 몇 시게?

친구: 몰라.

사오정: 네 시. 정확히 네 시야. 그래서 인도네시야잖아.

(3) 자가용

사오정: '자가용'의 반대말은 무얼까?

친구: '커용'이지.

사오정: 역시 자넨 고급 유머가 뭔지 잘 아는군.

5) 할아버지와 할머니의 대화

할머니와 할아버지가 가파른 경사를 오르고 있었다. 할머니는 너무 힘이 들어 애교 섞인 목소리로 할아버지에게 말했다.

"영감~! 나 좀 업어 줘!"

할아버지도 힘들었지만 남자 체면에 할 수 없이 할머니를 업었다. 할머니가 물었다.

"무거워?"

할아버지는 담담한 목소리로 대답했다.

"그럼 무겁지. 얼굴이 철판이지. 머리는 돌이지. 간은 부었지. 그러니 많이 무겁지."

한참을 그렇게 걷다 지친 할아버지가 말했다.

"할멈! 나도 업어 줘."

기가 막힌 할머니는 그래도 할아버지를 업었다.

"그래도 생각보다 가볍지?"

그러자 할머니는 입가에 미소까지 띠며 말했다.

"그럼 가볍지. 머리 비었지. 허파에 바람 들어갔지 양심 없지. 너무 가볍지."

6) 세월 따라 바뀐 속담

(1) 남녀칠세 부동석

지금은 남녀칠세 지남철이라오.

(2) 남아일언이 중천금

요새는 남아일언이 풍선껌이라던데.

(3) 암탉이 울면 집안이 망한다

암탉은 알이나 낳고 울지, 수탉이 울면 날만 새더라.

(4) 가는 말이 고와야 오는 말이 곱다

천만의 말씀. 지금은 목소리 큰놈이 이긴다고, 가는 말이 거칠어야 오는 말이 부드럽다오.

(5) 도적 보고 개 짖는다

모두가 도적놈, 주인까지도 도적인데 밤낮 짖기만 하나?

(6) 돌다리도 두드려 보고 건너라

성수대교 두드리지 않아서 무너졌나?

(7) 윗물이 맑아야 아랫물이 맑다

윗물은 흐려도 여과되어 내려오니 맑기만 하더라.

(8) 서당개 삼 년에 풍월 읊는다

당연하지요. 식당 개도 삼년이면 라면을 끓인답니다.

(9) 개천에서 용 난다

개천이 오염되어 용은커녕 미꾸라지도 안 난다오.

(10) 금강산도 식후경

금강산 구경은 배고픈 놈만 가나?

(11) 처녀가 애를 낳아도 할 말이 있다

처녀가 애 낳았다고 벙어리 되나?

(12) 닭 잡아먹고 오리발 내민다

닭과 오리를 다 잡아 먹었으니까.

(13) 굶어 보아야 세상을 안다

굶어 보니 세상은커녕 하늘만 노랗더라.

(14) 콩으로 메주를 쑨대도 곧이 안 듣는다

요즘 사람 메주를 쒀 봤어야 콩인지 팥인지 알지.

(15) 하늘이 무너져도 솟아날 구멍이 있다

하늘까지도 부실 공사를 했나? 무너지게.

(16) 떡 본 김에 제사 지낸다

옛날 사람은 떡만 가지고 제사 지냈나?

(17) 눈먼 놈이 앞장선다

보이지 않으니, 앞인지 뒤인지 알 수가 있나?

(18) 젊어서 고생은 금을 주고도 못 산다

천만에요. 젊어서 고생은 늙어서 신경통 온답니다.

7) 한국 여자들 이래서 속 터진다

(1) 부랴부랴 밥상 차려 줬더니, 딱 앉으면서 '숟가락!' 한다

서비스 정신 빵점, 여자의 노동에 대한 그들의 태도는 가히 뻔뻔스럽다. 여자를 '부려먹는 노예'쯤으로 생각하는 건지? 남자들, 결혼해서 가장 좋은 게 뭐냐고 물어보면 십중팔구 '밥 해주고 빨래해 준다' 말한다.

(2) 말끝마다 붙인다, '여자가 말야…'

뼛속까지 스며들어 있는 그들의 가부장적 이데올로기. 친정에는 눈곱만큼도 살갑게 안 하면서 며느리의 역할은 천 번, 만 번 강조한다. 남편은 하늘, 여자는 땅? 땅이 있어야 하늘도 존재한다는 건 모르시나?

(3) 멋진 척, 잘난 척, 똑똑한 척, 능력 있는 척척척

언제나 큰소리 뻥뻥. 그들의 허장성세는 밑도 끝도 없다. 그러다 허당인 게 들통 나면 더 큰일이다. 마구 화내면서 되려 민망하게 하기 일쑤. 우리, 좀 솔직하게 살면 안 될까?

(4) 말 좀 하면 날아가나? 초지일관 무뚝뚝

표현하는 거 여자도 쑥스럽긴 마찬가지다. 그래도 할 말은 하고 살아야지. "당신 예뻐", "당신 사랑해" 말 한 마디하면 누가 잡아먹나? 아직도 '무뚝뚝'을 남자의 미덕이라고 생각하는 당신, 속 터진다, 속 터져!

(5) 비와서, 날씨가 좋아서, 바람이 불어서 술 없이는 못 산다!

날이 밝을 때는 집에 오는 길을 못 찾는 걸까? 일주일에 다섯 번 술 마시고, 일주일에 두 번 필름 끊기는 남자. 대체 한국 남자와 술은 끊으려야 끊을 수 없는 관계인가?

8) 그래도 미워할 수 없는 한국 남자

(1) 곳간 열쇠는 여자에게, 곳간 채우기는 남자가

경제적인 책임은 남자에게 있다고 생각하는 점, 그건 좀 편하다. 최소한 외국 남자들처럼 여자한테 나가서 돈 벌어오라고 등 떠밀진 않으니까. 개미처럼 돈 벌어 와서 아내에게 일임하는 것, 어찌 보면 불쌍하다.

(2) 나보다는 가족 먼저, 헌신적이다

사오십 대 사망률이 가장 높다는 한국 남자. '가족 먹여 살리기'를 지상 최대의 과제로 삼고 있는 그들은 휴일 근무, 야근·철야를 마다 않는다. "그게 나 혼자 잘 살기 위해서냐"고, "다 가족을 위해서!"라고 그들은 외친다.

(3) 사람 좋아하고 정이 깊다

표현을 자주 안 해서 그렇지, 속정은 깊다. 사탕발림은 못해도 은근한 애정이 있다. 아내와 자식에 대한 끔찍한 마음, 선후배 외면 못하는 인정, 부모님 모시는 마음… 기본적으로 정 깊고 착한 남자들이다.

(4) 아무리 큰소리 쳐도 여자들 손바닥

사실 실권을 잡고 있는 건 한국 여자들이다. 나이 들어 병들고 힘 없어지면 '이빨 빠진 호랑이'로 꼬리를 내리는 게 한국 남자들이다. 그들이 휘두르던 무소불위의 권력도 실상은 여자들 손바닥 안이었다는 게 증명된다.

9) 난 그런 실수 안 해

어떤 아가씨가 수영장에서 옷을 갈아입으려고 수영복을 막 가방에서 꺼내려는데 갑자기 문이 벌컥 열리면서 빗자루를 든 관리인 할아버지가 들어왔다.

"어머나! 노크도 없이 들어오면 어떡해요?"

아가씨는 기가 막혀서 할아버지에게 큰 소리로 말했다.

"옷을 입고 있었으니 망정이지, 안 그랬다면 어쩔 뻔했어요?"

그러자, 할아버지는 빙긋이 웃으면서 말했다.

"난, 그런 실수는 절대로 안 해요! 들어오기 전에 꼭 열쇠 구멍으로 들여다보고 확인을 하니까!"

10) 잉글리쉬~? 콩글리쉬~?

① I not see you?: 아이 낫씨유~?

Why not see you?: 왜 낫씨유~?

Not go see for not see you: 낫코 시퍼 낫씨유.

② I love you see you: 나는 당신을 사랑해씨유.

So, I do not see you: 그래서 아이두 낫씨유.

③ I go back hat see you: 내가 고백해씨유.

Yes, I help you: 그려유, 나 해퍼유.

④ This no are you: 이거 노아유.

There go see you~: 데리 가시유.

⑤ Where up are you?: 어디 아파유?

My mind do up are you: 나의 마음도 아파유.

⑥ Live as yes you: 사는 게 그래유.

No life in go zoo: 인생 무상인 거쥬.

I do meet her you: 나도 미쳐유.

P.S.

Sorry you per what see you: 미안해유, 퍼 와씨유.

11) 경상도 부부와 서울 부부

(1) 팔베개

서울 아내: 자기, 나 팔베개해도 돼?

서울 남편: 그럼.

경상도 아내: 보소, 내 팔베개해도 됩니꺼?

경상도 남편: 퍼뜩 자자.

(2) 나 잡아 봐라

서울 아내: 자기, 나 잡아 봐.

서울 남편: 알았어.

경상도 아내: 보소, 내 잡아 보소.

경상도 남편: 니 잡으마 지기 삔다.

(3) 달이 밝아

서울 아내: 자기, 저 달 참 밝지?

서울 남편: 자기 얼굴이 더 밝은데.

경상도 아내: 보소, 저 달 참 밝지예?

경상도 남편: 어데? 달 쫌 보자.

(4) 먼저 목욕해도 돼?

서울 아내: 자기, 나부터 목욕해도 돼?

서울 남편: 그럼.

경상도 아내: 보소, 지부터 목욕해도 될까예?

경상도 남편: 와, 머 할라꼬.

(5) 꽃 따다 줘

서울 아내: (절벽에 핀 꽃을 보고) 자기 저 꽃 따줄 수 있어?

서울 남편: 그럼, 난 자기가 원하는 거라면 뭐든지 할 수 있어.

경상도 아내: 보소, 저 꽂 쪼매 따줄랑교.

경상도 남편: 저기 니끼가.

(6) 뭐 잊은 거 없어?

서울 아내: (출근하는 남자를 잡으며) 자기 뭐 잊은 거 없어?

서울 남편: 아! 뽀뽀 안 했네.

경상도 아내: 보소, 뭐 잊은 거 엄능교.

경상도 남편: 있다. 용돈 도.

12) 알아듣기 힘든 경상도 사투리

경상도 시어머님이 서울 며느리를 맞아 아들이 사는 서울에 갔다. 직장 바로 옆에 작은 집을 마련해서 살고 있는 며느리한테 이렇게 말했다.

시어머니: 직장은 개잡은데 집은 소잡네~

개잡다는 말은 가깝다는 말이고, 소잡고는 말은 비좁다는 말이다.

며느리: 네?

이게 무슨 말씀인지(눈만 휘둥그레). 며느리 생각에 처음으로 아들 집에 오신 시어머님이 잔치를 하시려나 생각했는데 직장에선 개를 잡고 집에선 소를 잡는다고 하시니 이를 어쩌나. 걱정을 하다가 시어머님께 애교를 떨어 보기로 했다

며느리: 어머님~ 우리 끝말잇기해요.

시어머니: 그기 머꼬?

며느리: 제가 하는 대로 끝자로 말을 이어 가시면 돼요.

시어머니: 그래 함 해 봐라.

며느리: 나비.

시어머니: 비름빡.

며느리: 네?

시어머니: 와? 벽을 그렇게 부른다 아이가. 갱상도 말인기라.

며느리: 다시 해요.

시어머니: 오냐 다시로~!

며느리: 장롱.

시어머니: 농갈라묵기.

며느리: 네?

시어머니: 계속 해라.

며느리: 백조.

시어머니: 조오쪼가리(종이 조각).

며느리: ….

시어머니: 니 와카노? 내가 머 잘못한 기가?

며느리: 어머니, 외래어는 쓰면 안 돼죠.

어머니: 외래어가 먼데? 니도 쓰마 안 돼나!

며느리: 좋아요. 저도 쓰겠어요.

시어머니: 인자 말이 좀 통하네.

며느리: 몸빼.

시어머니: (한참 생각하다가) 빼~ 다지~!

며느리: 어머니 제가 졌어요. 개를 잡든지 소를 잡든지 맘대로 하세요.

시어머니: 야가 머카노?

나중에 다 알아들은 시어머니와 며느리는 한참 동안 웃고 고부간의 갈등 없이 행복하게 살았다고 합니다.

13) 엽기적인 치과 의사

치과에 갔더니 많은 사람들이 대기를 하고 있어 나도 차례를 기다렸다.

그런데 이상한 점이 있었다. 환자를 진찰하기 전에 창문에 가서 밖을 보고 혓바닥을 10번 낼름거리게 했다. 나는 참으로 이상하게 생각하고 내 차례가 오길 기다렸다.

드디어 내 차례가 되자 의사는 나에게도 똑같은 행동을 시켰다. 나는 속으로 치아 치료하고 혓바닥 내미는 거하고 무슨 상관이 있나 궁금했다. 의사의 지시대로 창가에 서서 밖을 보며 혓바닥을 10번 낼름거리고 왔다. 치료가 다 끝나고 나는 궁금해 견딜 수가 없어 의사에게 물었다

"저… 선생님 왜 치료하기 전에 창밖을 보고 혓바닥을 낼름거리게 하는 겁니까?"

그러자 의사가 아무렇지도 않다는 듯 이렇게 말했다

"아~ 그거요? 별 뜻 아네요. 맞은편 빌딩 사무실에 꼴 보기 싫은 놈 약 올려 주고 싶어서 그런 겁니다."

14) 수수께끼로 친구 바보 만들기

(1) 벙어리와 장님

나: 벙어리가 슈퍼에 가서 칫솔을 달라고 하려면 어떻게 해야 되지?

친구: (막 이 닦는 척한다) 이렇게 하면 되지.

나: 그러면 장님이 슈퍼에 가서 지팡이를 달라고 하려면 어떻게 해야 되지?

친구: (지팡이를 짚는 척한다) 이렇게 하면 되지.

나: 하하하! 바보야, 장님은 말할 수 있어.

친구: 이런, 속았다!

(2) 달리기 1

나: 야, 달리기를 하는데, 2등을 추월하면 몇 등이게?

친구: 당연히 1등이지!

나: 실망했다. 2등 추월하면 2등이지, 1등이냐?

친구: 이그, 또 속았다!

(3) 달리기 2

나: 야, 이번엔 잘해 봐. (잔뜩 긴장감을 준다.)

친구: 알았어. (잔뜩 긴장한다.)

나: 달리기를 하는데 꼴등을 추월했어! 그럼 몇 등이냐?

친구: 꼴등 다음이잖아.

나: 미치겠다. 어떻게 꼴등을 추월하냐? 하하하!

친구: 에고, 확실히 속여 주는구먼.

15) 어느 부부의 대화

마누라가 외국 여행길에 오르면서 홀로 남은 남편에게 편지를 써서 냉장고 문에 붙여 놓았다.

'까불지 마라.'

'가스 조심하고 불조심하고 지퍼 조심해라. 마누라는 돌아온다. 라면이나 끓여 먹고 있어라'라는 의미였다. 그것을 본 남편이 그 옆에 답장을 붙였다.

'웃기지 마라.'

'웃음이 절로 난다. 기뻐 죽겠다. 지퍼는 내 자유다. 마누라는 오든지 말든지. 라면은 먹든지 말든지'라는 의미였다.

16) 남자와 여자의 차이

- 곰 같은 여자보단 여우같은 여자가 낫고, 개 같은 남자보단 늑대 같은 남자가 훨씬 낫다.
- 여자는 시선을 먹고 살고, 남자는 시선을 무시하는 낙(?)으로 산다.
- 여자의 남녀평등은 남자가 계산(?)한 후부터 시작되고, 남자의 남녀평등은 여자가 해야 될 가사 일을 끝내고 나서야 시작된다.
- 세상에서 가장 어설픈 거짓말은 남자가 하는 거짓말이고, 그

거짓말을 믿어 주는 건 세상에서 제일 똑똑한 여자들이다.

- 사랑에 빠진 남자는 눈이 멀고, 사랑에 빠진 여자는 간이 붓는다.
- 남자는 자기 여자가 될 때까지 잘해 주고, 여자는 자기 남자가 된 후부터 잘해 주기 시작한다.
- 여자는 손잡고 키스했으면 다 줬다고 생각하고, 남자는 이제부터 시작이라고 생각한다.
- 여자는 상대방에게 차이면 수치스러워하고 남자는 차이면 자신의 화려한 전적에 포함시킨다.
- 잊힌 남자는 흔적조차 없지만, 잊힌 여자는 가슴 깊이 묻어 둔다. (남자는 가슴이 넓어서 묻어 둘 여자가 많은가 보다.)
- 남자나 여자나 첫사랑은 잊지 못한다. 여자는 다른 사랑이 생길 때까지, 남자는 평생토록.
- 여자는 평범한 남자를 원한다. 평범하게 키 크고, 평범하게 잘생기고, 평범하게 돈 많은. (그래서 남자들은 평범해지려고 기를 쓴다.)
- 남자는 그저 여자면 된다. 이영애나, 김혜수, 김남주 아니면 이효리 같은. (그래서 여자들은 김남주 시계, 이영애 목걸이, 고소영 화장품을 쓴다. 그저 여자가 되려고.)
- 여자는 자기 친구의 나쁜 점을 먼저 말하고, 남자는 자기 친구의 좋은 점을 먼저 말한다.

17) 여자가 애인이 있으면

10대 여자가 애인 있으면
촉망받을 여자

20대 여자가 애인 있으면
당연지사

30대 여자가 애인 있으면
얄미운 여자

40대 여자가 애인 있으면
축복받은 여자

50대 여자가 애인 있으면
가문의 영광

60대 여자가 애인 있으면
신의 은총받은 섹녀 할머니

70대 여자가 애인 있으면
신의 경지에 있는 할머니
에라, 누가 보든지 말든지, 공짜 목욕할란다.

18) 용한 점쟁이

용하다는 점쟁이 집에 옷을 곱게 입은 귀부인 한 사람이 들어왔다.

"선생님, 제 딸이 하라는 공부는 않고 맨날 놀러만 다니고, 남자 친구랑 못된 짓을 해서 엊그제는 산부인과도 갔다왔습니다. 선생님, 도대체 제 딸이 왜 그러는 걸까요? 누굴 닮아 그런 걸까요?"

(눈을 지그시 감고) "한번 봅시다."

"잘 좀 보아 주세요."

딸랑딸랑.

"누굴 닮아 누굴 닮아 누굴 닮아 누굴 달마 누굴 달마 누둘 갈마 누둘 갈마."

'촤르르르르' 동전 훑는 소리가 났다.

"결과가 나왔습니까?"

"혹시 집안에 외국인이 있습니까?"

"아뇨, 왜요?"

"이상하다. 따님이 외국인을 닮았다는 점괘가 나오는데."

"그럴 리가요. 사돈에 8촌까지 아무리 생각해도 외국인은 없습니다."

"다시 한번 보죠, 뭐."

'딸랑딸랑.'

"누굴 닮아 누굴 닮아 누굴 닮아 누굴 달마 누굴 달마 누둘 갈

마 누둘 갈마."

'촤르르르르.'

"결과가 나왔습니까?"

"아무리 해도 외국인을 닮았다는 점괘밖에 안 나오는군요."

"제 딸이 닮았다는 그 외국인 이름이 도대체 뭡니까?"

"댁의 따님이 그렇게 공부도 않고 놀기만 하는 것은 바로… Jimmy(지미) 또는 Jiemy(지에미)라는 사람과 닮아서 그렇다고 점괘가 나오는군요."

19) 그 말이 정답이네

고등학교 2학년 기말고사. 미술 문제 중에서 모두의 머리를 쥐어짜게 만드는 마지막 주관식 문제가 나왔습니다.

문제는 이랬다. '미술의 기법 중 머리, 팔, 다리를 없애고 몸통만 그린 것을 무엇이라고 하는가?' 혹시 이 기법을 뭐라고 하는지 아는가?

정답이 '토로소'라고 하던가, 아무튼 그런 문제가 나왔는데 다음 날 갑자기 미술 선생님이 교실 문을 '쾅!' 하고 여시더니 매우 상기된 얼굴로 한손에는 몽둥이를 들고 떨리는 목소리로 외치셨습니다.

"병신이라고 적은 놈 빨리 튀어나와!"

20) 신세대 속담

인생은 (아쉽고) 예술은 (지루하다).

버스 지나가고 (택시 타고 가라).

길고 짧은 것은 (대 봐도 모른다).

젊어서 고생은 (늙어서 신경통이다).

호랑이한테 물려 가도 (죽지만 않으면 산다).

윗물이 맑으면 (세수하기 좋다).

고생 끝에 (병이 든다).

아는 길도 (곧장 가라).

못 올라갈 나무는 (사다리 놓고 오르라).

서당개 삼 년이면 (보신탕감이다).

21) 황당한 숙제

초등학교 일 학년이 학교에서 숙제로 5대양 6대주를 써 오랬다고 집에 와선 걱정이 태산이었다. 마침 시골서 올라온 할아버지가 말했다.

"아가야, 그게 뭐 그리 힘드노. 이 할배가 알려 주꾸마. 오대양은 '김양, 박양, 윤양, 서양, 이양' 하고 쓰면 되고 육대주라면 '맥주, 소주, 양주, 포도주, 동동주' 그리고 '막걸리', 아이가?

다음 날 그 아인 학교 담임에게 엄청 혼나고 집에 왔는데 할아버지가 말했다.

"아 참, 내가 깜박하고 탁주를 막걸리로 잘못 썼구나. 탁주로 고쳐 주꾸마."

22) 늑대도 먹어야 살제

어떤 노처녀가 결혼 이야기만 나오면 이렇게 말하곤 했다.

"남자들은 모두 늑대야! 내가 늑대 밥이 될 것 같아?"

그러던 어느 날, 그녀가 갑자기 결혼을 하겠다고 발표했다. 친구들이 놀라서 물었다.

"절대 늑대 밥은 되지 않겠다고 해 놓고는 갑자기 왜 결혼하는 거니?"

그러자 그녀가 대답했다.

"얘들은? 늑대도 먹어야 살 것 아니니!"

23) 고해성사: 신부님, 넘어졌습니다

어느 성당에 신부님이 계셨다. 그런데 사람들이 신부님에게 와서 고백하는 내용이 언제나 똑같았다.

“신부님, 오늘 누구와 간통을 했습니다.”

“신부님, 오늘 누구와 불륜을 저질렀습니다.”

신부님은 매일같이 그런 고해성사를 듣는 것이 지겨워졌다.

그래서 하루는 미사 시간에 사람들에게 이렇게 제안했다.

“이제는 고해성사를 할 때 ‘신부님, 오늘 누구와 불륜을 저질렀습니다’라고 하지 말고 ‘신부님, 오늘 누구와 넘어졌습니다’로 말하기로 합시다.”

세월이 흘러 그 신부님은 다른 성당으로 가시고 새로운 신부님이 오셨다. 그런데 새로 온 신부님이 고해성사를 들어 보니 다들 넘어졌다는 소리뿐이었다. 그래서 신부님은 시장을 찾아가 말했다.

“시장님, 시 전체의 도로 공사를 다시 해야 할 것 같습니다. 도로에서 넘어지는 사람들이 너무 많습니다”라고 말했다.

시장은 그것이 무엇을 뜻하는지 알았기에 껄껄 웃었다. 그러자 신부님이 말했다.

“시장님 웃을 일이 아닙니다. 시장님 부인도 어제 세 번이나 넘어졌습니다.”

24) 짧은 개그

첫 수업. 한 여고에 총각 선생님이 부임하게 되었다. 선생님은 짓궂은 여학생들의 소문을 익히 들었는지라 이발도 하고 옷도 깔끔하게 챙겨 입는 등 최대한 신경을 쓰고 첫 수업에 들어갔다. 그런데 교실에 들어서자마자 여학생들이 깔깔대며 웃는 것이 아닌가.

"학생들 왜 웃어요?"

"선생님, 문이 열렸어요."

선생님은 '나뭇잎이 굴러가도 까르르 웃는 나이지'라고 생각하며 점잖게 말했다.

"맨 앞에 앉은 학생, 나와서 문 닫아요."

25) 금상첨화

왕비병이 심각한 엄마가 음식을 해 놓고 아들과 함께 식탁에 앉았다. 엄마가 말했다.

"아들아, 엄마는 얼굴도 예쁜데 요리도 잘해. 그치? 이걸 사자성어로 하면 뭐지?"

엄마가 기대한 대답은 '금상첨화'였다. 아들의 답은 이랬다.

"자화자찬."

"아니 그거 말고 다른 거."

"과대망상이요?"

엄마 거의 화가 날 지경이었다.

"아니 '금' 자로 시작하는 건데…."

"금시초문?"

26) 콩나물과 무의 진실

콩나물과 무가 살았다. 그들은 매우 사이가 나빴다. 하루는 콩나물이 화가 나서 무에게 강력한 일격을 가했다. 후에 역사학자들은 이 일을 이렇게 평가한다.

'콩나물 무침.'

27) 어떤 대화

소양강에 한 처녀 뱃사공이 있었다. 하루는 어떤 총각이 배를 타더니 농담을 했다.

"나는 당신의 배를 탔으니 이제 당신은 나의 아내요."

배를 저어 갈 때는 아무 말도 안 하던 처녀 뱃사공은 이윽고 강

건너편에 도착해 그 총각이 배에서 내리자 말했다.

"당신은 내 배에서 나갔으니 이제 당신은 내 아들이오."

28) 커플과 싱글

커플: 깨지지 않는 한 영원하다.
주위의 부러움을 산다.
낭만파가 된다.
사랑의 전화를 하면서 밤을 지샌다.
뭘 해줄까 고민한다.
노래방에서 젝스키스의 「커플」을 부른다.
만난 지 며칠이 됐는지 계산한다.
얼굴만 보고 있어도 3~4시간은 기본으로 간다.
술 먹을 때 러브샷을 한다.

싱글: 꼬시지 않는 한 영원하다.
주위의 호기심을 산다.
인상파가 된다.
궁상맞은 전자오락 하면서 밤을 지샌다.
뭘 해 먹을까 고민한다.

노래방에서 이문세의 「솔로예찬」을 부른다.
천장에 같은 무늬가 몇 갠지 계산한다.
장판 벽지 천장까지 디자인해도 도무지 시간이 안 간다.
그것 보고 열 받아서 원샷한다.

29) 유머로 낱말 풀이

- 신사란? 신이 포기한 사기꾼.
- 형사란? 형편없는 사기꾼.
- 천재지변이란? 천 번 봐도 재수 없고 지금 봐도 변함없는 사람.
- 노약자란? 노련하고 약삭빠른 사람.
- 지성인이란? 지랄 같은 성격의 소유자.
- 우등생이란? 우둔하고 등신 같은 생물.
- 진동이란? 진기한 동물.
- 신동이란? 신기한 동물.
- 귀빈이란? 귀찮은 빈대.
- 영빈이란? 영원한 빈대.
- 장희빈이란? 장안에서 희귀한 빈대.
- 엉큼한 여자란? 엉덩이만 큼직한 여자.
- 추녀란? 가을 여자.

- 소녀란? 소름 끼치는 여자.
- 미남이란? 쌀집 남자.
- 추남이란? 가을 남자.
- 유부남이란? 아버지가 살아 계시는 남자.
- 또 다른 유부남이란? 유사시 부를 수 있는 남자.
- 또또 다른 유부남이란? 유난히 부담 없는 남자.
- 쾌남형이란? 쾌쾌 묵은 남자.
- 개새끼란? 개성과 세련미와 끼가 있는 남자.
- 호남형이란? 호떡같이 생긴 남자.
- 경로석이란? 경우에 따라 노인이 앉을 수 있는 자리.
- 마돈나란? 마지막으로 돈 내고 나오는 사람.
- 영물이란? 영원한 물주.
- 오물이란? 오늘의 물주.
- 스타란? 스스로 타락한 자.
- 긴긴 밤이 외로워 죽겠다는 아비는? 홀아비.
- 돈벌이에 눈이 먼 아비는? 장물아비.
- 플레이 보이들이 가장 즐기는 놀이감은? 바람개비.
- 한국이 배출한 세계 최초의 여성 장군은? 지하 여장군.
- 바람을 피워서 얻은 자식의 이름은? 풍자(風子).
- 부인이 남편에게 매일같이 주는 상은? 밥상.
- 아무도 믿을 수 없다는 사람이 가장 믿는 신은? 자기 자신.

- 노처녀들이 가장 좋아하는 약은? 혼약.
- 찾아오는 손님들 모두와 이상한 관계로 만날 수밖에 없는 의사는? 과 의사.
- 고기를 먹을 때마다 쫓아다니는 개는? 이쑤시개.
- 먹으면 죽는데 안 먹을 수 없는 것은? 나이.
- 집에서 매일 먹는 약은? 치약.
- 이 세상에 태어나 단 한번만 먹고 입을 다물어 버리는 것은? 편지 봉투.
- IMF 시대에 폭풍우보다 더 무서운 비는? 낭비.
- 누구든지 노력하면 얻을 수 있는 금은? 저금.
- 세계에서 몸집에 제일 큰 여자의 이름은? 태평양.
- 자기들만이 옳다는 사람들만 사는 집은? 고집.
- 물 중에서 가장 좋은 물은? 선물.
- 물 없는 사막에서도 할 수 있는 물놀이는? 사물놀이.
- 법적으로 바가지요금을 받아도 되는 장사는? 바가지장사.
- 도둑이 훔친 돈을 뭐라고 할까? 슬그머니.
- 여자가 지켜야 할 도리는? 아랫도리.
- '아이 추워'의 반대말은? 어른 더워.
- 세탁소 주인이 가장 좋아하는 차는? 구기자차.
- 펭귄 한 마리를 넣고 끓인 탕은? 설렁탕.
- 펭귄 두 마리를 넣고 끓인 탕은? 추어탕.

- 세상에서 제일 더럽고 추잡스럽기 짝이 없는 개는? 꼴불견.
- 유일하게 날로 먹을 수 있는 오리? 회오리.
- 아수라 백작의 아들 이름은? 아수라 장.
- '술과 커피는 안 팝니다'를 4자로 줄이면? 주차(酒茶) 금지.
- 자전거를 사이클이라고 합니다.
  그럼 자전거를 못 탄다는 말은? 모타 사이클.
- 종달새 수컷이 암놈을 부르는 방법은? 지지배(배).
- '멍청한 바보가 오줌을 싼다'를 세 자로 줄이면? 쪼다쉬.
- 소는 소인데 도저히 무슨 소인지 알 수 없는 소를
  4자로 줄이면? 모르겠소.
- 처음 만나는 소가 하는 말은? 반갑소.
- 잠자는 소는? 주무소.
- '미소'의 반대말은? 당기소.
- 쥐가 네 마리 모이면 무엇이 될까? 쥐포.
- '당신은 시골에 삽니다'를 세 자로 줄이면? 유인촌(You in 촌).
- 돌고래를 영어로 돌핀이다.
  그럼 그냥 고래는 무엇이라 부를까? 핀.
- 서울의 1번지는 시청이다.
  그렇다면 시청에서 가장 먼 곳은? 만리동.
- 길거리에서 시주를 받는 스님들을 무슨 중이라고 할까? 영업 중.
- IQ 30이 생각하는 산토끼의 반대말은? 끼토산.

- IQ 60이 생각하는 산토끼의 반대말은? 집토끼.
- IQ 80이 생각하는 산토끼의 반대말은? 죽은 토끼.
- IQ 100이 생각하는 산토끼의 반대말은? 바다 토끼.
- IQ 150이 생각하는 산토끼의 반대말은? 판 토끼.
- IQ 200이 생각하는 산토끼의 반대말은? 알칼리 토끼.
- 꽃이 제일 좋아하는 벌은? 재벌.
- 무엇이든지 혼자 다 해 먹는 사람은? 자취생.
- 우유를 여섯 글자로 늘이면? 송아지 쭈쭈바.
- 소금을 죽이면? 죽염.
- 말괄량이 삐삐를 일곱 자로 하면? 말괄량이 호출기.
- 친구들과 술집에 가서, 술값 안 내려고 추는 춤은? 주춤주춤.
- 슈퍼맨의 가슴에 'S' 자는 무엇의 약자인가? 스판.
- "나는 1위, 2위, 3위보다는 4위가 더 좋아!" 누가 한 말일까요? 장모.
- 고추장, 간장, 된장을 만들다 잘못하여 버렸다. 무슨 장일까? 젠장.
- 호주의 술은? 호주.
- 호주의 쌀은? 호미(米).
- 호주의 떡은? 호떡.
- 호주의 돈은? 호주머니(Money).
- 가장 쓸모없는 구리는? 멍텅구리.

- 서울에 있는 대학은 무엇이라 하는가? 서울대.
- 서울에서 약간 먼 대학은 무엇이라 하는가? 서울 약대.
- 서울에서 제법 먼 대학은 무엇이라 하는가? 서울 법대.
- 서울에서 상당히 먼 대학은 무엇이라 하는가? 서울 상대.
- 개미가 모이면 더러운 이유는? 개미'때'이기 때문.
- 영웅호걸이 여자를 좋아하는 이유는? 好(호)Girl이기 때문.
- 오락실을 지키는 수호신 용 두 마리는? 일인용과 이인용.
- 백설공주가 일곱 난쟁이에게 밥상을 차려 준 시간은 몇분일까? 7분(일곱 난쟁이).
- 현모양처란 무엇인가? 현저하게 히프 모양이 양쪽으로 처진 아가씨.

30) 못 말리는 시험 답안

(1) 고등학교

- **문제:** 정약용의 형 정약전이 흑산도에서 저술한, 우리나라 주변의 어족과 그 정보에 대해 저술한 책은?

정답: 자산어보

보통 놈들 답: 목민심서

못말리는 놈 답: 월간 낚시

- **문제:** 한국 광복군 탄생의 계기가 된 의거로서, 1932년 상하이 홍커우 공원에서 거행된 일제의 전승 축하식장을 폭파한 의사는 누구인가?

정답: 윤봉길

많은 학생들이 적은 답: 안중근

못 말리는 놈 답: 윤복길, 〈전원일기〉의 출연자

- **문제:** 유전적 원인 등에 의한 뇌 기능 이상으로 지능발달이 떨어지고 인격이 제대로 형성되지 못한 상태에 있는 정신 장애의 명칭을 4자로 적으시오.

정답: 정신박약

일부 답: 정신불량, 정신병자 등등

못 말리는 놈 답: 돌대가리

- **문제:** 수신자가 요금을 부담하는 전화인데, 전화로 상품 주문, 항공권 예약 등을 하는 경우에 수신자 측인 기업에서 요금을 부담하는 서비스는?

정답: 클로버 서비스

아주 많았던 답: 수신자 부담 서비스

못 말리는 놈 답: 나는 018이다

- **문제:** 1995년에 출범하여 공산품과 농산물 및 서비스 교역에까지 무역 자유화를 추구하는 국제경제기구는?

정답: W.T.O(빈칸이 3개 주어졌었음)

그 외의 답들: I.M.F(정답보다 더 많았음), W.H.O, W.P.O 등등

못 말리는 놈 답: U - N(엽기적으로 3칸을 채움)

(2) 중학교

- **문제:** 곤충은 머리, 가슴, (　　)로 나뉘어져 있다. 괄호 안에 들어갈 단어는?

정답: 곤충은 머리, 가슴, (배)로 나뉘어져 있다

못말리는 놈 답: 곤충은 머리, 가슴, (으)로 나뉘어져 있다

- **문제:** 개미를 세 등분으로 나누면 (　　), (　　), (　　)

정답: 개미를 세 등분으로 나누면 (머리), (가슴), (배)

못 말리는 놈 답: 개미를 세 등분으로 나누면 (죽), (는), (다)

- **문제:** 올림픽의 운동 종목에는 ( ), ( ), ( ), ( )가 있다.

정답: 올림픽의 운동 종목에는 (육상), (수영), (권투), (유도)가 있다

못 말리는 놈 답: 올림픽의 운동종목에는 (여), (러), (가), (지)가 있다

(3) 초등학교

- **문제:** '( )라면 ( )겠다'를 문장으로 만들어라.

정답: '(내가 투명인간이)라면 (여탕에 가)겠다', '(내가 부자)라면 (오락기를 사)겠다' 등등.

못 말리는 놈 답: (컵)라면 (맛있)겠다.

- **문제:** 행진을 할 때 어느 쪽 발을 먼저 내밀까요?

정답: 왼발

못말리는 놈 답: 앞발

- **문제:** '미닫이'를 소리 나는 대로 쓰시오.

정답: 미다지

못 말리는 놈 답: 드르륵

- **문제:** 찐 달걀을 먹을 때는 ( )을(를) 치며 먹어야 한다.

정답: 소금

일부: 간장, 식초 등등

못 말리는 놈 답: 찐 달걀을 먹을 때는 (가슴)을 치며 먹어야 한다

- **문제:** 부모님은 왜 우리를 사랑하실까요?

못 말리는 놈 답: 그러게 말입니다

- **문제:** 아주머니께서 사과를 주셨습니다. 뭐라고 인사해야 할까요?

못 말리는 놈 답: 뭐! 이런 걸 다…

- '엄마아빠'로 사행시를 지으시오.

엄: 엄마는

마: 마덜

아: 아빠는

빠: 빠덜

- '불행한 일이 거듭 겹침'이란 뜻의 사자성어는?

정답: 설 (상) 가 (상)

못 말리는 놈 답: 설 (사) 가 (또)

31) 좋은 소식, 나쁜 소식, 환장할 소식

- **좋은 소식**: 남편이 진급했다네.
- **나쁜 소식**: 그런데 비서가 엄청 예쁘다네.
- **환장할 소식**: 외국으로 둘이 출장가야 한다네.

32) 조크는 훌륭한 교사

역사상 위대한 인물 중에는 조크에 탁월한 사람들이 많다. 윈스턴 처칠이 화장실에 갔다. 정적인 노동당 당수가 먼저 와 소변을 보고 있었다. 처칠은 그에게서 가장 멀리 떨어진 변기 앞에 섰다.

"내가 그리 무섭소?"

득의양양한 정적에게 처칠이 대꾸했다.

"당신은 뭐든지 큰 것만 보면 국유화하려 들지 않소."

정적은 폭소를 터뜨렸고 노동당은 결국 상정하려던 국유화 법안을 포기하고 말았다.

조크는 때로 엄청난 위력을 발휘한다. 난국 타개의 실마리가 되기도 하고 위기 탈출의 발판이 되기도 한다.

유대인들의 상술이 뛰어난 것도 그들의 조크 덕이다. 그들은 어릴 때부터 웃음을 다루는 훈련을 받는다. 조크에 해당하는 히브리어 '호프마'는 예지나 지혜를 뜻하기도 한다.

알베르트 아인슈타인도 "나의 가장 훌륭한 교사는 조크였다"고 말했다. 역사상 위대한 인물 중에는 조크에 탁월한 이가 많다. 그만큼 열린 사고를 소유한 덕분이다.

조크도 전제가 필요하다. 조크를 받아들일 줄 아는 성숙한 분위기 말이다. 뉴트 깅그리치 전 미 하원의장이 소니 보노 의원의 장례식 조사(弔辭)를 했다.

"고인은 첫 의회 연설에서 때 묻은 정치인들은 물러가야 한다고 했습니다. 그래서 나는 그가 내 사무실에 들어올 때마다 내 자리를 노리는 것 같아 위협을 느꼈습니다."

장례식장은 웃음바다로 변했다. 조문객들이 조크를 받아들이지 못했다면 찬물을 뒤집어쓴 분위기가 됐을 일이었다.

공자도 그런 실수를 했다. 공자가 제자인 자유(子遊)가 다스리던 마을에 갔는데 사람마다 비파를 뜯으며 노래하고 있었다. 예악(禮樂)을 천하통치의 근간으로 삼으라는 스승의 뜻을 실천한 것이었다. 공자가 웃으며 "닭 잡는 데 어찌 소 잡는 칼을 쓰리오"라고 말했다.

자유가 따져 묻자 공자는 바로 실수를 인정하고 조크였음을 고백했다(前言戱也). 작은 읍에서조차 음악에 열심인 것을 보고 농을 한 건데 제자가 발끈하니 사과한 것이다.

33) 돌팔이 의사

의사: 어디 불편한 데는 없습니까?

환자: 숨을 쉬기만 하면 몹시 통증이 느껴집니다.

의사: 그럼? 숨을 멈추게 해 드리죠.

34) 성적표

맹구가 시험을 쳤다. 한 과목만 '양'이고 나머지 과목은 모두 '가'였다. 통지표를 어머니께 보여드리자 어머니 하시는 말씀.

"얘, 맹구야. 너무 한 과목에만 신경 쓰지 말거라."

35) 치과에서

환자: 이 하나 빼는 데 얼마지요?

의사: 2만 원입니다.

환자: 단 일 분도 안 걸리는데요?

의사: 원하시면 천천히 뽑아드릴 수도 있어요.

36) 자네도 봤군

주인 처녀가 목욕하는 모습을 창으로 들여다본 앵무새가 계속 "나는 봤다. 나는 봤다"고 지껄여댔다. 처녀는 화가 나서 앵무새의 머리를 빡빡 밀어 버렸다.

며칠 뒤, 군대에 간 처녀의 남자친구가 휴가를 받아 집에 놀러왔는데 머리가 빡빡이었다. 이것을 본 앵무새가 지껄였다.

"자네도 봤군. 자네도 봤군."

37) 직업별 싫어하는 사람

- 의사가 제일 싫어하는 사람: '앓느니 죽겠다'는 사람
- 치과 의사가 제일 싫어하는 사람: '이 없으면 잇몸으로 산다'

는 사람

- 산부인과 의사가 제일 싫어하는 사람: '무자식이 상팔자'라는 사람
- 한의사가 제일 싫어하는 사람: '밥이 보약'이라고 하는 사람
- 변호사가 제일 싫어하는 사람: '법 없이도 살' 사람
- 학원 강사가 제일 싫어하는 사람: '하나를 가르치면 열을 아는' 사람

38) 나의 유머 지수 측정하기

- 같은 말도 재미있게 하려고 노력한다.
- 다른 사람과 이야기하는 것을 즐긴다.
- 유머로 주변 사람을 웃겨 준 적이 있다.
- 유머를 5개 이상 구사할 수 있다.
- 매스미디어에서 유머 코너를 관심 있게 읽는다.
- 남의 실수를 웃음으로 넘긴다.
- 작은 일에도 가급적 크게 웃는다.
- 분위기를 띄우기 위해 유머를 적극 활용한다.
- 최근의 유머 경향을 찾아본다.
- 타인이 나를 웃기는 사람이라고 생각해도 좋다.

- 나의 실수를 유머로 만든다.
- 적어도 하루에 4~5번은 웃는다.
- 웃음은 좋은 관계를 맺을 수 있게 한다고 생각한다.
- 어려울 때일수록 웃어야 한다고 믿는다.
- 나로 인해 타인이 즐거워하는 것이 즐겁다.

39) 경상도 할머니와 미국 사람

경상도 할머니가 버스를 기다리는데 한참 만에 버스가 오고 있었다. 할머니는 반가워 소리쳤다.

"왔데이."

옆에 있던 미국 사람이 오늘이 무슨 요일이냐고 묻는 줄 알고 대답했다.

"Monday."

할머니는 저기 오는 게 뭐냐고 묻는 줄 아시고 대답했다.

"버스데이."

미국 사람이 오늘이 할머니 생일인 줄 알고 축하해 드렸다.

"Happy Birthday."

할머니는 미국 사람이 버스 종류를 잘 모르는 줄 알고 말했다.

"아니데이. 직행버스데이."

재미있는

착 각 퀴 즈

① 10 곱하기 20 곱하기 7은 얼마일까? 그러면 배곱파기 배곱파기 배곱파기는?

② 1사람이 25도짜리 소주 4병, 45도짜리 양주 2병을 마셨다. 몇 도일까?

③ 커닝을 5번 해 보세요. 미국의 11대 대통령의 이름은?

④ 여덟 난장이를 5번 외쳐 보세요. 그러면 신데렐라에 나오는 난장이는 몇 명?

⑤ 영어로 금은 골드! 별은 스타! 금성은 골드 스타 그러면 병원은? 차는? 그러면 병원차는?

⑥ 닭장에는 닭이 있고 외양간에는 소가 있고 모기장에는 모기가 있다, 없다?

⑦ 북극에는 북극곰과 얼음이 있다. 그러면 남극에도 곰과 얼음이 있다, 없다?

⑧ 돼지머리가 동쪽을 향하고 있다. 그러면 꼬리는 어느 쪽인가?

⑨ 어떤 사람이 아침마다 트랙 달리기를 하는데 이상하게 오른쪽으로 달리면 1시간 30분이 걸리고 왼쪽으로 돌면 90분이 걸린다. 왜 그럴까?

⑩ A라는 나라에서 B라는 나라를 거쳐 C나라로 여행을 가다가 비행기 사고가 났다. 그러면 중상자는 어느 나라에 묻어야 하나?

정답

① 피난다 ② 졸도 ③ 제임스 포크 ④ 안 나온다 ⑤ 앰뷸런스

⑥ 있을 수 있다 ⑦ 있다 ⑧ 맘대로 ⑨ 같다 ⑩ 안 묻는다

19.

웃음 지수 체크법

만약 천국에서 웃음이 허용되지 않는다면,

나는 그곳에 가고 싶지 않다.

- 마틴 루터 -

밤늦게 집에 들어가 TV 토크쇼를 보면서 출연자의 터무니없는 우스갯소리, 객쩍은 농담에 재미를 느낀다. 편안하고 늘어지는 그들의 유머에 자신이 끼어들면서 낄낄거린다.

우리 중에는 이런 즐거움조차도 느끼지 못할 거라고 의심이 가는 사람들이 있다.

1) 체면을 중시하는 사람들

언제나 웃지도 않고 근엄한 표정을 지으며 할 말만 쏙 하고 하는 말마다 진담만 얘기하고 한 말을 반복하며 한자나 전공어만 사용하는 사람에게 우리는 어떤 느낌을 갖는가?

'고리타분하다', '따분하다', '차갑다', '지겹다'는 느낌을 버릴 수가 없을 것이다. 이런 사람을 대하면 왠지 말 붙이기가 어렵고 얼른 자리를 뜨고 싶으며 정이 가지 않는다. 결과적으로 타인에게 이런 느낌을 주는 사람은 아는 것을 술술 막힘없이 말하는 달변이라도 말을 잘하는 것이 아니다.

점차 우리 사회가 다원화되고 형식에 구애받지 않는 사회가 되어 가고는 있지만, 아직은 사람이 웃고 싶다고 아무데서나 마음대로 웃을 수 있는 것은 아니다.

유머를 말하는 것도 마찬가지다. 자주 웃기는 얘기를 하는 사람을 '싱겁다'라고 평하고, 잘 웃는 사람을 싱겁이, 히죽이, 허벌떼기라고 놀리고 심지어는 뭔가 부족한 사람으로 여긴다.

또한 일부 직장에서도 웃음이나 유머를 나누는 것을 분위기를 산만하게 하고 일에 전념하지 못하는 것으로 간주해서 터부시하는데 이는 잘못된 일이다.

2) 사귀기 어려운 사람이 되지 마라

특히 직업상 체면을 중요시하는 사람들은 근엄함을 선호하고 유머를 하는 것이 경박하다는 인상을 상대에게 줄까 봐 두려워하고 상대에게 설교조로 말하는 것이 몸에 배 있다.

이런 사람들은 우리 상사로서, 선생님으로서, 부모로서 우리를 숨 막히게 한다. 정말 가까이 할 수 없지 않았던가. 꼭 하고 싶은 얘기를 차마 꺼내지 못하고 눈만 깜박거리다가 잔뜩 설교만 듣고 물러 나온 추억(?)도 있으리라.

그런데 우리도 그런 체면치레나 유교적 전통에 물들어 자신도 모르게 그것을 답습해서 웃고 싶거나 한마디의 즐거운 얘기를 하고 싶어도 하지 못한다.

그래서 주위에 한정된 사람만 모이고 사귀기 어려운 사람으로 낙인 찍히는 우를 범한다. 이미지는 쉽게 바꾸기 어렵다. 말은 사라지지만 이미지는 항상 남는 법이다.

이런 전통에서 벗어난다고 하는 디지털 세대는 사람과 얼굴을 맞대는 시간이 컴퓨터를 대하는 시간보다 적다. 이들은 정작 사람을 대하면 대화 경험이 부족해 감정 표현은 물론 자신의 뜻도 제대로 표현하지 못한다. 이런 젊은 사람이 늘어만 간다.

이와 같이 체면에 억눌리고 있는 사람, 딱딱하고 고리타분하게 말하는 사람, 표현력이 부족한 젊은이들은 한마디의 유머나 위트로 딱딱한 자리를 부드럽게 하는 사람, 상대의 기분을 상하게 하지 않으면서 얻을 것 다 얻어내는 사람, 괴로워하는 사람에게 힘을 주는 사람을 만나면 '나도 저래 봤으면…' 하며 몹시 부러워한다.

말하는 능력과 유머를 할 수 있는 유머 감각은 불가분의 관계가 있다. 유머를 적절하게 구사할 수 있어야 말을 잘하는 것이라 할 수 있다.

유머 감각이 없는 사람은 선천적으로 센스가 없다고 보기보다는 아예 유머에 대한 잘못된 인식을 가지고 있고 유머에 별 관심이 없었다는 것이 옳은 말일 것 같다.

지금부터라도 유머는 천박하고 속되기보다는 인간관계의 활력소라는 인식을 가져야 할 것이다.

아울러 조크나 위트 자체가 유머의 효용이라고 생각하지 말고 그것을 말할 수 있는 마음의 넉넉함을 보여 주는 것이라고 생각해야 한다.

3) 걱정거리의 96%는 쓸데없는 걱정거리

아마 걱정거리나 문제가 없는 사람은 이 세상에 없을 것이다. 마음의 언저리에 걱정이 있는 한 유머를 할 기분도 나지 않고 만약 있다고 해도 흥이 나지 않는다.

그런데 우리는 쓸데없는 걱정거리를 쉴 새 없이 양산하고 있다. 자신과 별로 상관이 없는 뉴스만 들어도 슬슬 걱정이 된다.

하지만 어느 연구자에 의하면 우리가 고민하는 걱정거리의 96%는 쓸데없는 걱정거리이고, 실제로 걱정해야 할 것은 단지 4%에 불과하다고 한다.

따라서 스스로 걱정만 하는 '마음의 감옥'에서 벗어나 보다 인생을 낙관적으로 생각하고 문제를 해결하는 것이 인생을 보다 슬기롭게 사는 것이 아닐까 한다.

사람이 이 감옥에 갇히면 오만해지고 고집스러워지고 다른 사람에게 야박해진다.

죽느냐 사느냐 그것이 문제로다.

똑같은 상황이라도 기분이 좋으면 세상이 좋게 보이고 사람들이 모두 사랑스럽고 귀엽다. 하지만 기분이 나쁘면 세상이 지겹고 말을 걸어오는 사람이 귀찮기만 하다.

비관적으로 살 것인가, 낙관적으로 살 것인가를 누가 우리에게 묻는다면 우리는 서슴없이 낙관적으로 살 것을 택할 것이다.

'세상은 그리 나쁘지 않다. 그리고 점차 개선될 것이다' 적어도 이렇게 낙관적으로 생각하며 살아라.

낙관적으로 사는 방법 중에 하나가 유머 감각을 가지고 자신과 주위 사람과 웃음과 즐거움을 공유하는 것이 아닌가 싶다.

낙관적 가치관을 가진다면 어떤 환경에서도 미소를 잃지 않게 된다. 긍정적인 자세를 지니게 되므로 여유를 갖게 되고, 언제나 웃을 수 있다. 그리고 사람을 만나는 것도, 식구들을 위해서 일하는 것도 즐겁다. 이렇게 되면 인생을 즐기는 것이 된다.

"내가 만일 유머를 몰랐다면 아마 자살했을 것이다"라고 말한 '위대한 영혼'이라 불리는 인도 건국의 아버지 마하트마 간디는 영국과의 긴 투쟁 속에서도 언제나 많이 웃었다. 그리고 많은 사람을 언제나 웃게 만들어서 주변에 있는 사람들이 언제나 간디 때문에 즐거움을 가졌다고 한다. 그래서 사람들이 그를 따르고 추앙한 것 같다.

생의 시련을 많이 겪은 링컨 대통령도 언제나 친구들과 유머를 즐겼다고 한다. 하루는 링컨 대통령이 백악관에서 구두를 닦고 있는데 한 친구가 와서 이를 보고 깜짝 놀라서 물었다.

"대통령이 손수 구두를 닦다니 말이 되느냐?"

이때 링컨이 말했다.

"아니, 그러면 미국의 대통령이 남의 구두를 닦아 주어야 한단 말인가."

4) "당신은 유머 감각이 없어!"

국제적 신사와 숙녀로 통하는 영국인을 모욕하는 가장 심한 말은, "당신은 유머 감각이 없어!"라는 말이다.

영국인들은 이 말을 '옹졸한 사람'과 같은 뜻으로 받아들이기 때문에 심한 모욕감을 느낀다는 것이다.

미국에는 학생들에게 유머 감각을 익히게 하는 학교도 있다고 한다. 이와 같이 서양에서는 타인과의 커뮤니케이션에서는 유머가 필수적이라는 인식이 강하다.

요즘 우리나라도 민주화가 많이 되고 한문 교육이 약화되고 신세대가 유권자로 많이 편입되면서 정치인들도 유머를 많이 구사해서 표와 직결되는 유권자의 마음을 사로잡으려 한다. 또한 근엄하기만 하던 사장님들도 젊은 직원의 마음을 움직여 기업의 발전을 도모하기 위해서 젊은 세대와 어울리려고 그들의 유머를 익혀 사원들과 거리를 좁히려고 한다.

우리는 대개 변호사나 판검사라고 하면 근엄하고 유머도 못 할 것이라고 간주해 버린다. 특검수사를 통해 국민의 신망성원을 끌어낸 차정일 특별검사는 대한변협의 공로상 수상 소식을 듣고 찾아간 기자가 근황을 묻자 특유의 계면쩍은 표정으로 다음과 같이 대답했다고 한다.

"특검에서 기소한 사람들을 공소유지하고 힘없는 사람을 위해서 변론도 하려고 해요. 강의 준비도. 히딩크 감독이 '멀티 플레이어'를 강조했는데, 나도 멀티 플레이어가 되려고…."

이 말을 들은 사람들은 한바탕 웃었다고 한다.

이처럼 적당한 수준의 유머와 위트는 서로의 마음에 여유를 가져다주고 웃음과 즐거움을 주며 서로의 감정을 주고받는 인간관계에서 하나의 윤활유와 같은 역할을 한다.

5) 당신은 유머 감각이 있는가

정신분석학자인 마틴 그로탄 박사는 『웃음을 넘어서』란 저서에서 "유머 감각을 가진다는 것은 인간의 고통과 불행을 이해한다는 것을 의미한다. 유머는 우리의 연약함과 좌절을 인정한다는 것을 말하는 것이다. 하지만 웃음은 또한 자유를 의미한다"고 말하고 있다.

유머 감각을 한마디로 정의하기 어려우나, 대화나 스피치를 하는 동안에 다음의 것들을 적절히 조화시켜야 한다.

① 마음의 여유
② 상황을 읽어 내는 능력
③ 서로 말하는 내용에 대한 해석력
④ 상대의 마음을 읽는 능력
⑤ 기지 내지 순발력
⑥ 어휘 선택과 수사법의 구사
⑦ 실감나게 하는 표현력

우리 주위에 낙천적인 성격과 유머 감각을 가지고 있으며 듣는 사람을 웃기면서 분위기를 장악하는 사람을 보고, 혹시 유머 감각이 조상 때부터 내려오는 선천적 성격이 아닌가 하고 의구심을 품고 유머 감각 익히는 것을 포기하는 사람도 있다.

인간은 굳게 마음만 먹고 노력하면 무슨 일이나 할 수 있다. 남을 웃기는 것을 직업으로 삼는 코미디언이나 개그맨이 선천적으로 태어났는가. 그들은 꿈을 가지고 무명 시절부터 대본을 외우고 연기 연습을 해서 남을 웃기는 사람이 된 것이다.

방송에 출연하고 있는 인기 개그맨도 방송에 나가기 전에 피나는 연습을 한다. 개그맨이 아닌 가수나 탤런트도 토크쇼에 나가는 횟수가 늘게 되면서 시청자의 눈과 귀 그리고 머릿속에까지 자신을 인식시키기 위해 '과외'까지 한다는 소문도 나돈다.

우리는 개그맨이나 코미디언이 되려는 것이 아니다. 그리고 길어야 몇 분 동안 유머를 하는 것뿐이고, 직업이 아닌 처세의 테크닉으로 익히려는 것이 아닌가. 보통의 지능과 노력만 있으면 충분하다.

유머 감각을 가지려면, 맨 먼저 유머가 자신의 체면이나 경력에 흠이 되지 않고 오히려 화술의 진수로서 사람을 가깝게 하는 '처세(處世)'의 도구라는 강한 인식을 해야 한다. 즉, 대인관계에서 성공을 하기 위해서 갖추어야 할 능력이라고 믿고 이 능력의 배양에 힘을 기울여야 할 것이다.

달콤한 유머 | 단발머리와 대머리

상의도 없이 미장원에 다녀오는 아내를 보고 남편이 갑자기 화를 벌컥 낸다.

“이봐! 나하고 한마디 의논도 없이 단발머리를 하면 어쩌자는 거야?”

그러자 아내가 어이없다는 표정으로 대꾸한다.

“그러는 당신은 왜 나하고 한마디 상의도 없이 대머리가 됐수?”

참고 문헌

1. 민영욱, 『성공하려면 유머와 위트로 무장하라』, 가림, 2003
2. 박영한, 『웃음 치료 건강법』, 버들미디어, 2006
3. 이요셉·김채송화, 『하루 5분 웃음운동법』, 스타리치북스, 2017
4. 김진배, 『유머기법 7가지』, 뜨인돌, 2000
5. 서대반, 『행복한 가정을 만드는 비결』, 쿰란, 2007
6. 정연아, 『성공하는 사람에겐 표정이 있다』, 명진, 1997
7. 히구치 유이치 지음, 홍성민 옮김, 『사람이 따르는 말 사람이 떠나는 말』, 북스캔, 2005